授業の質を上げる

超一流教師のすごいメモ

関西学院初等部
森川正樹 著

明治図書

出会いに変えて

この本を手に取ってくださっているあなたとの出会いに感謝します。

【メモ】は、私がずっと書きたかった、お伝えしたかったテーマです。

教員になりたかった学生時代から、
新任教師としてのスタート、
公立教員としての年月、
大学院時代、
そして現在の私学教員……と、
私のそばにはずっと「メモ」があります。
「メモ」なしには私の人生は成り立っていません。
メモは「記憶を助けるもの」だけにとどまりません。実に様々に自分自身の人生を向上させてくれます。

そのことは本編で詳しく述べていくとして、
私にとってメモとは食事をすることと同じであり、
睡眠と同じであり、
呼吸をすることと同じなのです。

つまり、自分自身のライフラインの中にメモが組み込まれると、日常生活を繰り返すことがそのまま人生の向上につながるのです。
教師としての自分の生き方の向上につながるのです。

この本では、きれいごとではなく、私自身が実感した、
【教師の、教師による、教師のためのメモ活用】
について述べていきます。
メモをする行為が【教師としての日常を変える】ということ。

教師の「日常」、それは「授業」です。

授業の質を上げるための【すごいメモ】、始めてみませんか。

教師として歩み始めるあなた。
歩んでこられたあなた。
【メモ】は教師としてのあなたのステージを一段階押し上げてくれるもの。

この本での出会いに感謝し、本書で【教師の質を上げるメモ術】について具体的に、熱く、私自身がワクワクしながら語っていきたいと思います。
しばしおつきあいください。

本書を読み終わった後、
あなたのそばに「あなただけのメモ帳」が置かれますように……

目次

第3章 実務メモのとり方と活用

第5章 授業メモのとり方と活用

第1章

授業の質を上げるメモ

1 授業につながっているのが本当の仕事術！

全ての道は「授業改善」「自分改善」に通ず

この本は「仕事術」の本です。しかし、私が大前提としたいのは、「私たち教師の全ての仕事術を、授業改善につなげたい」ということ。

「すごいメモ」をとるのは、教師として「子どもたちへの伝え方」の腕を上げるため。

「すごいメモ」を携帯するのは、教師として「子ども理解」を深めるため。

「すごいメモ」を活用するのは、教師と子どもたちが一体となる「学級」をつくるためです。

これら全て、「授業の腕を上げる」という行為から派生するもの。

やはり私たち教師は「授業」です。授業してナンボの職業です。

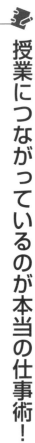

そしてそれが最終的に「自分改善」へとつながる。

この、シンプルですが大切な感覚を一本通して、「メモをとる」「記録をとる」ということについて語ってみようと思います。

「授業がうまくなりたい」

教師になったら誰でもそう思うでしょう。ずっと思い続けることになるのですが……。

そして本を読んだり、研修やセミナーに出かけたりする。そしてときおり、「うまくなっているのだろうか」と自問自答する。

そんなときに、その漠然たる思いを「成長している」という実感に変えるのは「メモ」です。

これだけメモしているのだから、カラダの中に蓄積されていっている。〝私は成長している！〟と実感できるのがメモなのです。

2 最大の仕事術はメモをとること！メモ帳250冊

メモの旅の始まり

メモを書いていく、書きためていく、ときちんと決めてメモをとりだしたのは学生のときからです。教師になることができたら……と心躍らせて書くわけです。メモを。

大学の講義中に、講義の内容にインスピレーションを受けて出てきたアイデアなどをとにかく書いていました。それともう1つよくメモをとったシーンは、自然学校というキャンププログラム中です。

私は大学生のときに、5泊6日で兵庫県の小学生が行く、自然学校という校内行事のキャンプリーダーをしていました。もともと自然が好きで、キャンプが好きだったので当然のめり込みました。とはいっても、最初は何もわかりません。自分が好きなことをしていいキャンプとは違い、「教育の場」としてのキャンプです。

子どもへの接し方。

子どもへの注意の仕方。

大勢の子どもへの話し方。

キャンプゲームのやり方。

実に様々なことを学びながらその日1日が過ぎていく。そのときの「気づき」の多いこと、多いこと。

それらをいちいちメモをとりながら経験していったのです。

そうして今に至るまで続けてきたメモは膨大な量になりました。メモ帳は250冊を超えました。〝超えた〟という書き方をしているのは、今、このときもメモ帳の冊数が増え続けているから。これらのメモ帳にはその時々の〈私〉がいます。当然、かけがえのない宝物です。

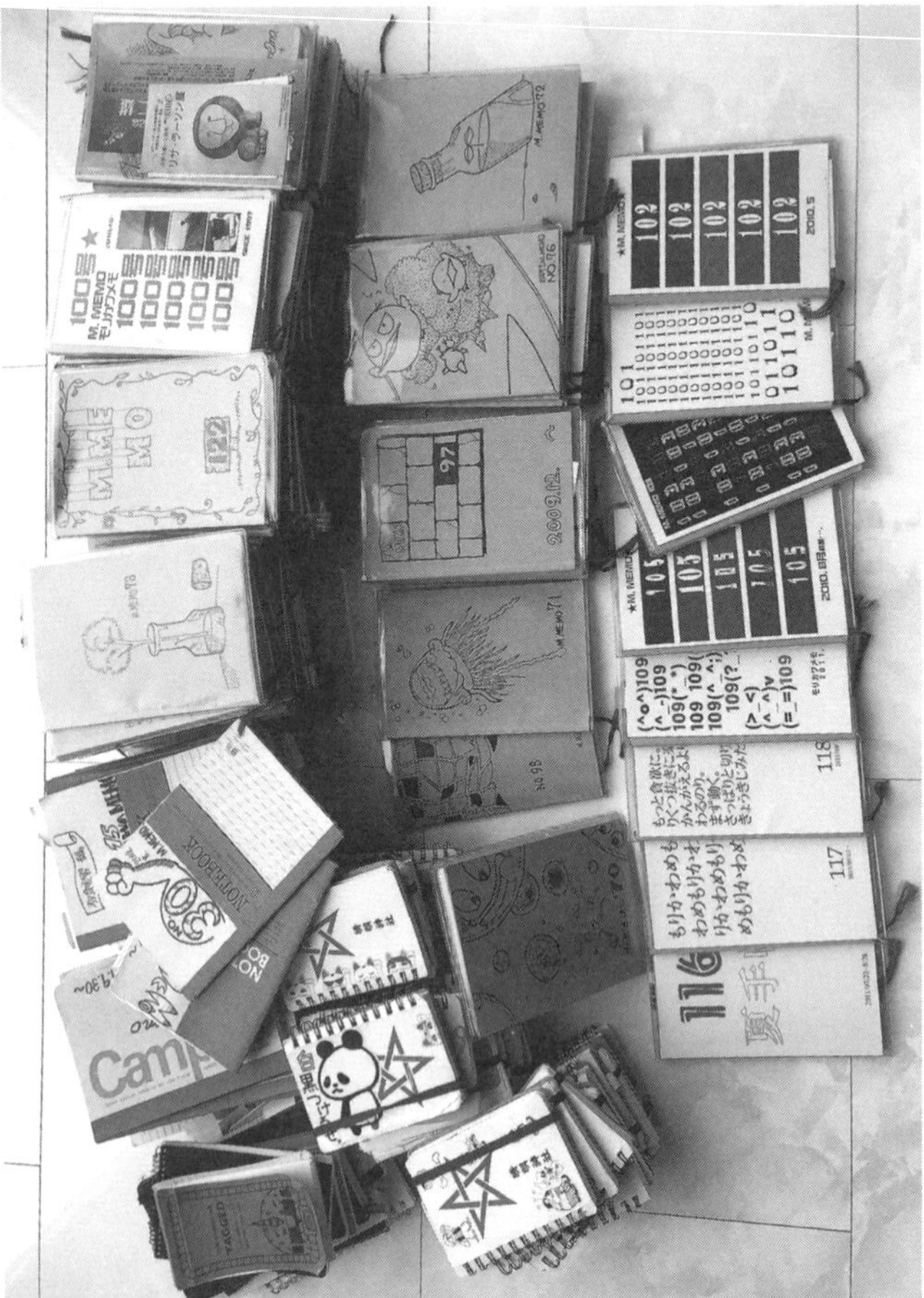

これまで書きためたメモ帳。「森川メモ」は私の教師としての歴史の証人。これでも全部ありません。笑
今では250冊を超えています。

メモ帳250冊から見えてきたこと

今までずっとメモをとり続けてきて、見えてきたことがいくつかあります。それは、**メモを書いているとき、まさに【そのとき】が、黄金の投資として自分に還ってきているときである**ということです。

メモは、アイデアや知識を身体《からだ》に刻み込む行為です。刻み込む、つまり「書く」その瞬間に目的の半分は達成されていると私は思います。

アイデアや琴線に触れた言葉を書くのは、「書くということそのもの」に効果があるのです。それは、「手に入れた実感を得る」「知ったことを形に残す」「経験の楔を打つ」など、**生きることそのものへの肯定感を得られる**からではないでしょうか。

「メモを書く、ただ書く」ということは、「備忘」と同じくらい、いやそれ以上に大きな効果があると実感しています。

さて私は、キャンプリーダーを始めた頃から、いわば「書き捨て」のようにどんどんメモを書いていきました。そしてさらにメモの効能を実感します。それは、

気づける体質になる

ということです。何度も何度も「気づきを書く」ということを繰り返していると、「メモ思考」になってきます。つまり、「メモをとるように考え、口に出して呟いている自分」が自然とそこにいるのです。

ここで、より私たち教師の話をしましょう。後の章で、「子どもメモ」について詳述しますが、私は教師になってから今まで、子どもたちの素敵な呟きや行動をメモする生活を続けています。

メモをし続けてどうなったか。

子どもの素敵な呟きが向こうから飛び込んでくる

これは私にとって大きなアドバンテージでした。

教師は子どもの「素敵な呟き」をより多く拾える存在であるべきだと思っています。より多く拾うには、「拾いに行く」のは限界があります。ではどうすればよいのか。

「向こうから呟きが飛び込んでくる」システムに身を置く、のがベストです。そのシステム構築に「メモを書く」ことが大いに役立ったわけです。もちろんこのことは最初からわかっていたわけではありません。とにかく、子どもの素敵な呟きや発言を直感的にどんどんメモしていった結果です。メモをし始めてからその冊数が10、20、１００、２００と増えていき、〝呟き〟が少しずつ入ってくるようになったのです。

今だからハッキリ言えます。**メモをとることが、自分を子どもの素敵な言葉や仕草に気づきやすい体質にしてくれました。**

さて、同じことが他の観点にも当然あてはまってきます。

「アイデアをメモし続けること」が「アイデアが生まれやすい体質」をつくり、

「使える情報をメモし続けること」が「有益な情報を感知しやすい体質」をつくる。

メモをし続けることで、「気づける体質」になるのです。

そしてそれは、常に「考えている」ということ。

「メモをとること」は考えること、気づくことそのものなのです。

さあ、もうすでに、「メモしなきゃもったいない！」という気持ちになってきていませんか？　笑

「気づき」を増やす。

日常の中でいかに気づけるか

このことが満足のいく教師道を歩むコツです。

人生の中で、何回気づけるか

このことが充実した人生を歩む秘訣だと、実感しています。

メモをとる、ということは「気づき」の回数を増やすことにつながる、人生を豊かにする行為なのです。

この項の話を次の式でまとめます。

書いた自分
＜
書いた内容

メモをとることは、普通は「書いた内容」が、次に活用できたり、記録できたりするので大切と思われます。しかし、それよりももっと大切なのは、「書いた自分」自身が変わっている、変化しているということです。

日々メモを書く「自分自身」こそが、日々変化している。

このことが最も大切で、メモをとることの大きなメリットなのです。

3 メモをベルトのように　メモを歯磨きのように

無意識に携帯している

当たり前ですがメモは携帯すべきです。それも、無意識に携帯している、というレベルで携帯します。ベルトをするように、歯磨きをするように無意識で携帯するレベルです。

メモを常に携帯し、**その瞬間にメモできる環境に自分を置きます。**

後で触れますが、私は映画館の中でメモをすることがあります。映画を観ている最中に、どうしてもよいアイデアを思いついてしまった。そんなときは暗闇の中で（笑）メモ帳を胸ポケットから取り出し、ノールックで書き込みます。もちろん上映中なので音を立てないように……。メモは誰かに見せるために書くわけではありませんから、字は読めればよいわけです。

メモを発動するときを逃さない

メモを発動するとき。つまり、どんなときにメモを書くことが多いのでしょうか。それはアイデアが生まれるときとも言い換えられますね。私の場合は次のときです。

①散歩中

散歩中はリラックスしているので、頭がよく回ります。もちろんただただ気楽に歩いているのですが、そんなときにフッと思い浮かぶアイデアがあるのです。例えば研究授業や公開授業を控えているとき。公開授業をすることが決まったときから自分の中でスイッチが入ります。そこからは脳が勝手に情報にアクセスしていく感じです。それも、メモをとっているからこそ、そのようなカラダになっているのだと思います。そして案外散歩中に最高の授業の導入のアイデアが浮かんだりするものなのです。そんなときは、すぐにアイデアをスマホに残しておきます。

②本屋の中・本屋を出た後

この「本屋」もまた、アイデアが浮かぶ最良の場所です。なにしろ情報に囲まれている場所ですから。

本屋には本を買うためだけに入るわけではありません。本屋にはインスピレーションを得るために入ります。授業の構想がなかなか浮かばない、というようなときは、とりあえず本屋に入ってみます。日頃は接触のない大量の情報に脳が刺激を受け、いろいろなことが結びつきだします。そこで、思いがけないアイデアが浮かぶのです。そんなときはやっぱりメモ。

本屋を巡回中に少し開けたスペースに移動してメモ。本屋の入り口を出たところでメモ。大阪のMARUZEN&ジュンク堂書店梅田店さんは絵本展など様々な展示やミニイベントもありメモの機会も増えます。住まいが関西なのでよく利用しますし、東京のジュンク堂書店池袋本店さんは駆け出しの頃の東京での研修会参加の折には毎回立ち寄って大量に本を購入して関西に送っていました。どちらも、ビルごと本屋さんなのでワクワクが止まりません。この二店に限らず、仕事や旅で遠征した際には必ず本屋に立ち寄ることにしています。

③美術館・博物館・記念館で作品鑑賞中

私は美術館・博物館・記念館巡りが大好きです。そこでもメモは大活躍します。今でこそ写真撮影ＯＫの流れになってきていますが、まだＮＧの場所も多いもの。そこではメモ帳に書き写すしかありません。この本を書いている時期、ちょうど私は鹿児島県始良市にある「椋鳩十文学記念館」を訪れました。そこはまだ写真ＮＧだったので、お宝情報満載の館内ではメモをとる手が止まりませんでした。そのときは現地のコンビニで１冊新しい小さなメモ帳を購入して記念館に向かったのでした。結果的にそこでは、そこに行かなければ絶対に手に入らないような貴重な情報を手に入れることができたのです。

④旅行中

旅行中もやはりリラックスしているからか、よい刺激が自分に連打されているからか、アイデアが浮かぶことがあります。旅行にメモは欠かせません。旅先のコンビニで購入したメモ帳は結構印象深いもの。そのときに書いた内容は、そのとき経験した旅のステキな思い出とともに胸に刻まれるものです。旅先のアイデアメモ、素敵ですよ。

⑤研究授業中

いきなりですが、**授業のアイデアが一番出てくる場所はどこでしょうか。私は研究授業を参観しているとき**です。授業のことを考えるのは、授業を観ているときが一番。授業を観ているときには授業に対する感覚が研ぎ澄まされます。そこで、メモ。

授業を観るとき、私は白いA4の紙にメモします。授業参観前に少し多めに白い紙をバインダーにとじて授業を参観し、時系列でメモをとっていきます。メモをとるときはノートを縦に3つに分け、左から①教師の発言、②子どもの発言、そして一番大事な③自分の「気づき」というふうに書いていきます。

⑥映画・舞台鑑賞中

映画を観ながらメモを書く話は先ほどしましたが、私は舞台を見るのも好きで、舞台のセットや展開から授業のアイデアや子どもたちに話したいことが思い浮かぶことがあります。どんなところにアイデアの欠片が転がっているかわかりません。そのときも先ほどの映画館と同じく、メモ帳を取り出して舞台を観ながらなぐり書きします。

⑦友人や家族と話しているとき

友人や家族に仕事のことを話すことがありますね。そのとき、私たちは**話しながら考えを整理しています。整理されてきたらメモしておいて確実に次に使える素材にする。**このような状況でもメモ帳がそこにあり、すぐにメモすることで忘れることはありません。

⑧志ある人と話しているとき

志ある人との会話は刺激的です。そういう人との会話では話したいことがどんどん出てきます。心揺さぶられる言葉にも出会います。それをその場でメモします。**言葉は無形だからこそ、メモに書いて有形にして保存**する。【言葉の保存】これにメモは一役買ってくれます。

⑨説明を受けているとき

これが一番普通のケースです。見学や見物に出かけたときに書くメモです。子どもたちに話そう、とか明確な目的がなくとも、「書いておこう」とその場で思えばどんどん書きます。

⑩読書中

メモをすることが多いですね。本は様々ですが、そのとき自分が強く意識していることや関心の高いことに対して読書の内容が結びついてよいアイデアが生まれたり、普通に情報として活用したいからメモしたりと、情報源そのものである「本」からのメモは多いです。ですから、**読書中もすぐにメモできる環境にあるとよい**ですね。私は普段はスマホにメモすることが多いです。

⑪授業中

これ、結構上級者向きかもしれません。

授業中に、よほどコレは！　と思うことがあったら、私は授業中でも書きます。そんなときはもちろんアナログメモ帳に。

メモする内容は、子どもたちの反応に関することが多いと思います。私たちは日常的に子どもたちと授業を通してやりとりしています。**次の授業に生かすための極上のデータを毎日とっているのと同じ**です。そのような中、授業が終わったら忘れてしまうような細かいデータもあります。具体的なデータはそのときに書いてしまわないと思い出さないことも多いです。

走り書きでもよいのでとにかく素早く書いてしまうのです。

⑫寝るとき

寝るときに意外とアイデアが浮かぶことがあります。そんなときはとり逃しません。しかし一度布団やベッドに入ったらなかなか出たくない　笑。だったら、メモ帳がそこにあればよいのです。枕元にメモ帳を常備しておけば急にアイデアが誕生してもとり逃すことはありません。

こうしてまとめると、いかに日常的に、様々な場所で様々なメモをしているかを改めて実感します。

メモの書き方

4

メモを書くときの心

　メモを書くことが当たり前になっていくのには、メモが積み重なっていく、つまりメモ帳がどんどんたまっていく光景も一役買ってくれます。もちろんメモ帳の冊数を重ねることが目的ではありません。しかし、**メモ帳がたまっていく感覚は、メモ帳への記録におけるガソリンになります。**だから、「メモ帳が適度に薄い」ということが効いてくるのです。たまってくると「いろいろなことを吸収したなあ」という実感がわき、やる気になります。

　人生において、常に向上の実感がある、というのは前に進むモチベーションになります。

　メモをコツコツと書いて、メモがどんどんたまっていく感覚を楽しんでください。ちなみに教師にとってはなじみのある『大造じいさんとガン』の作者・椋鳩十さんは常に執筆のために「取材ノート」（メモ）を持ち歩いていたようで、冊数は200冊あまりになったそうです。

「空気を吸うように書く」ために

メモに形式、書き方はありません。ただ、次のページに書く。形式を決めすぎると続きません。「空気を吸うように書く」状態がベストです。

時系列で吸収したことや収集したことをどんどん書いていく。そのような状態なので、メモしたことを探すときは、メモ帳を逆にたどっていけば物理的にお目あての箇所にたどりつけます。

メモを書くと「心が整う」

教師をしていると、いや、生きていると嫌なこともあります。当然ですよね。そんなときもまた、私はメモをしていたように思います。嫌なことを書くことは、そのときはつらい行為に思えることもあるのですが、やり場のない怒りや、どこにも発散できない気持ちというのが自分を苦しめることがありますよね。そんなときは、メモを書くことを発散の行為とする。それで少し〈荷下ろし〉するわけですね。そして気持ちが少し軽くなる。

メモを書くという行為は、「心を整える」といった作用もあると思います。

やはり私のそばにはいつも「メモ帳」があり、ただ黙って書かれるのを待っています。

第2章

「4種類のメモ」のとり方

1 「メモ」の内容は4種類！

「実務メモ」・「子どもメモ」・「授業メモ」・「アイデアメモ」

本書では、メモを内容に合わせて4種類に分けて紹介しています。

その4種類のメモを武器に、教師生活を変えてください。

4種類の「メモ」を紹介する前に、まずはこの文章を書いている段階での私のリアルメモを話題にさせてください。

さてさて、私がどんなメモをしたかというと……。

A　退勤後に車の中で……、スマートフォンのリマインダーに入力。

→「○○研修会の日程返信、メールする」

B　学校で授業後の休み時間に、クラスのAさんの「コトバ」をアナログメモ帳にメモ。

↓○○が言う「何時間やっても飽きない」（○○には子どもの名前が入る）

このように、デジタルとアナログのメモを同時進行で使っています。スマホにすぐにやらなければならないことをメモすることは多くの人が行っていることと思います。この場合Aですね。このようなメモを、①【実務メモ】とします。

Bも、日常的に行っているメモで、子どもたちの素敵な言葉を書いていく、という子どもたちを理解し、好きになるためのメモで、②【子どもメモ】。

本書ではそれに加えて、授業をつくるためのメモ、授業の準備のためのメモ、授業を行った後の授業記録を紹介します。それが、③【授業メモ】。

最後に、授業のアイデアをいつでもどこでもメモする、④【アイデアメモ】。

本書で扱うのは、これら【4種類のメモ】です。まとめます。

①【実務メモ】
②【子どもメモ】
③【授業メモ】
④【アイデアメモ】

必要に応じてメモしてきた結果、これらの4つのシーンでメモしているということがわかってきました。

この先これらの4種類の内容を、実物を交えながら具体的にお伝えしていくわけですが、きっと私自身の教師生活の日常を追体験していただくような面白さを感じていただけるのではないかと思っています。ちなみに4種類のうち本書で比重を置くのは当然②〜④です。①はそもそもメモとして多くの方が必要に迫られてされているでしょうから。

メモ帳の種類とカスタマイズ

さて、まずは実際の私のメモ帳をご覧いただきます。イメージからメモの世界に誘います　笑。ちなみに私が使っているメモ帳は……。

1つ目は、**無印良品さんの「文庫本ノート・薄型」**。中は無地です。

2つ目は、京都に安倍晴明を祀った晴明神社という神社があるのですが、そこにある売店で販売している「晴明メモ」。ちょうどシャツの胸ポケットに入り、さらにご利益もありそうで（笑）重宝しています。（※現在メモ帳の仕様が変更になっているようです。実際のメモ帳については販売元にお問い合わせください）

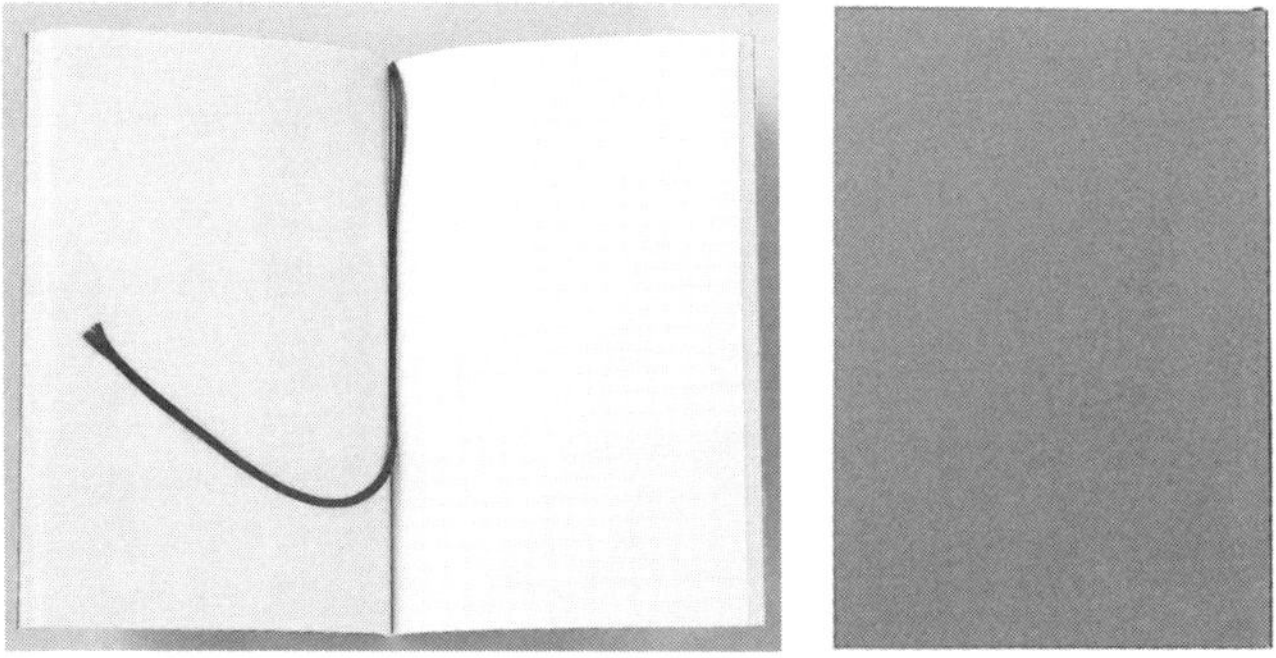

無印良品さんの「文庫本ノート・薄型」。
表紙が無地なのでイラストを描きやすいのと、中身が無地なのが使いやすい。
※画像は無印良品さんのホームページより

旅先のコンビニでよく購入するKYOKUTOさんのA7サイズのメモ帳。携帯しやすさバツグン！

京都の晴明神社で購入できる「晴明メモ」。
小さいサイズなのが使いやすいのと、縁起がよさそう。笑

３つ目はＫＹＯＫＵＴＯさんから出ている「Ａ７サイズ５ミリ方眼メモ」。こちらはコンビニでよく購入するメモ帳で、全国どこでも手に入ることと、その小ささゆえの携帯のしやすさが気に入っています。

正直メモ帳の種類は自分で相性のよいものをフィーリングで見つければよいと思います。

さらに、私はイラストを描くのが好きなのでメモ帳の表紙にイラストを描いたり、表紙をパソコンでデザインしてカスタマイズしたりして遊んでいます（最近はそんな余裕もなく、次から次へとメモ帳が更新されていますが……）。カスタマイズしたものは１００円ショップでメモ帳に合うサイズのビニール製の透明カバーを購入し、メモ帳につけるのです。ではそんなメモ帳の姿を画像でご紹介します。

メモ表紙カスタマイズ①デザイン系

少しギャラリーコーナーにおつきあいください。

無印良品さんの「文庫本ノート・薄型」を使用した表紙のカスタマイズです。まずは「デザイン系」。パソコンで表紙をデザインし、写真用紙に印刷して、カバーに挟み込んだものです。

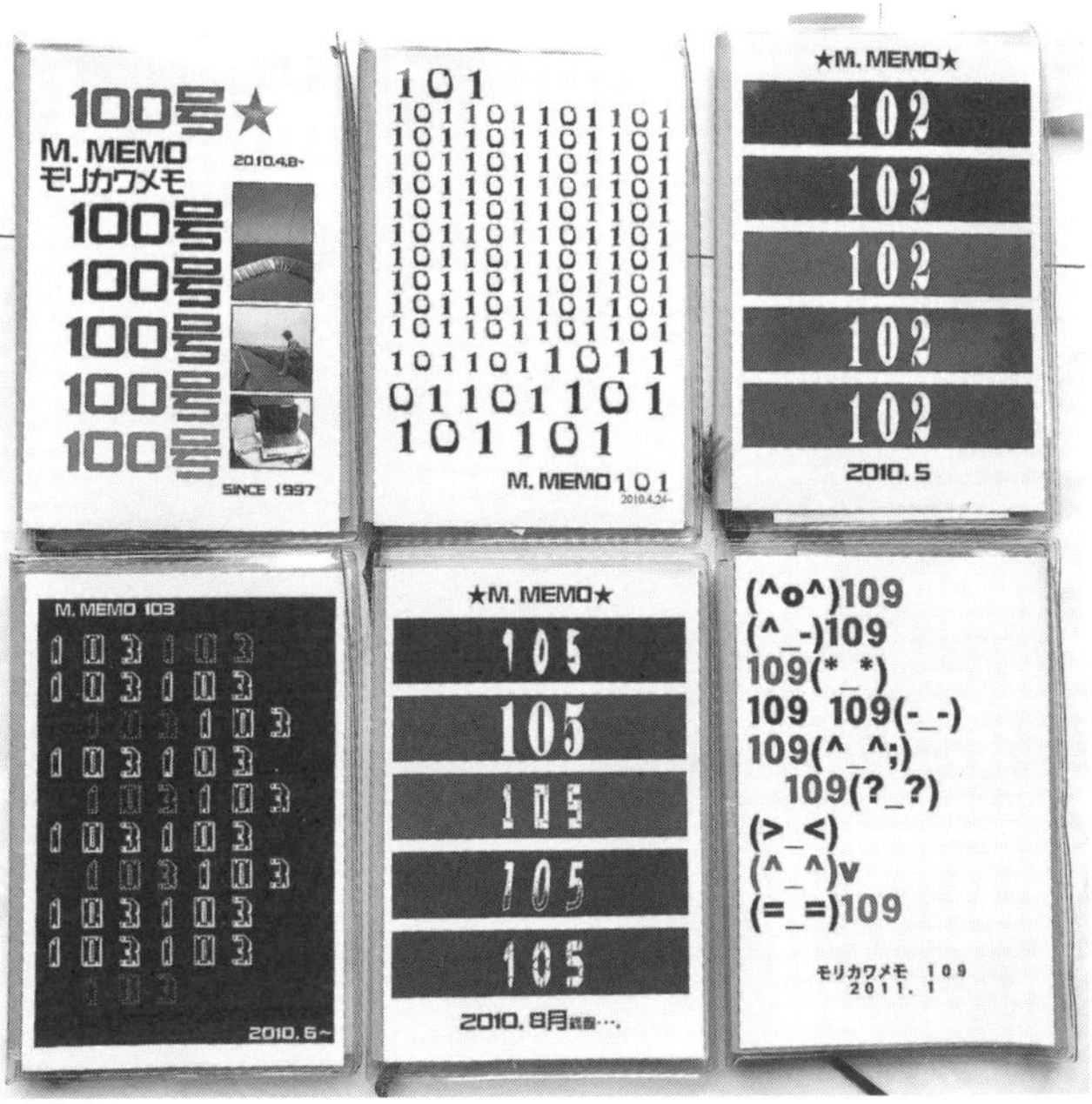

表紙に２０１０とありますね。

表紙にはメモ帳のナンバーと年月が書いてあります。よい思い出です。このように少し手間をかけるのは、心にも時間にも余裕があるときです。夏季休業中などにいくつか連続したものをつくってプリントアウトしておき、メモ帳が変わるときに新しいものを差し込んでいきます。こうして少し手間をかけたメモ帳は、書ききった後も思い入れが残ります。メモ帳の冊数を重ねることがより楽しくなります。

メモ表紙カスタマイズ②イラスト系

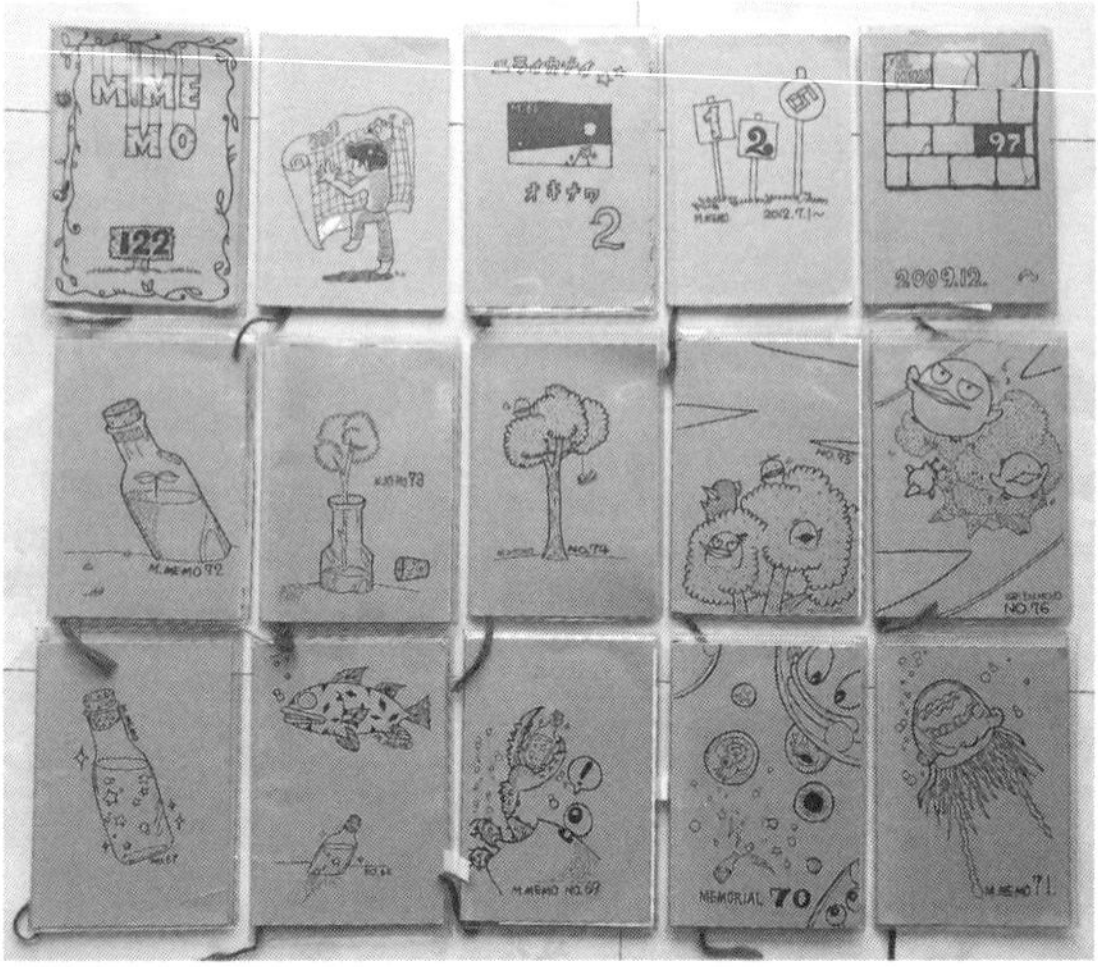

これは私がイラストを描くことが好きなので、私がよく行うカスタマイズです。

実はこの表紙にはストーリーがありまして……。2段目を見てください。この2段目は左から順番にイラストがつながっていて物語になっています。砂浜に流れついた小さな木の芽が、瓶から飛び出して成長し、大きな木となり、鳥が集まって、そこからまた鳥が巣立っていく、というストーリーなのです。鳥はこの木の実をまた食べてその種がフンとなって……と私の中だけのストーリーは続いていきます。

また、3段目は、森とは反対の海のストーリーになっています。小さな瓶が海底に沈み、そこから様々な海の生物たちが飛び出してくる、そんなストーリーになっています。メモ帳の少しの遊び心です。

メモ表紙カスタマイズ③言葉系

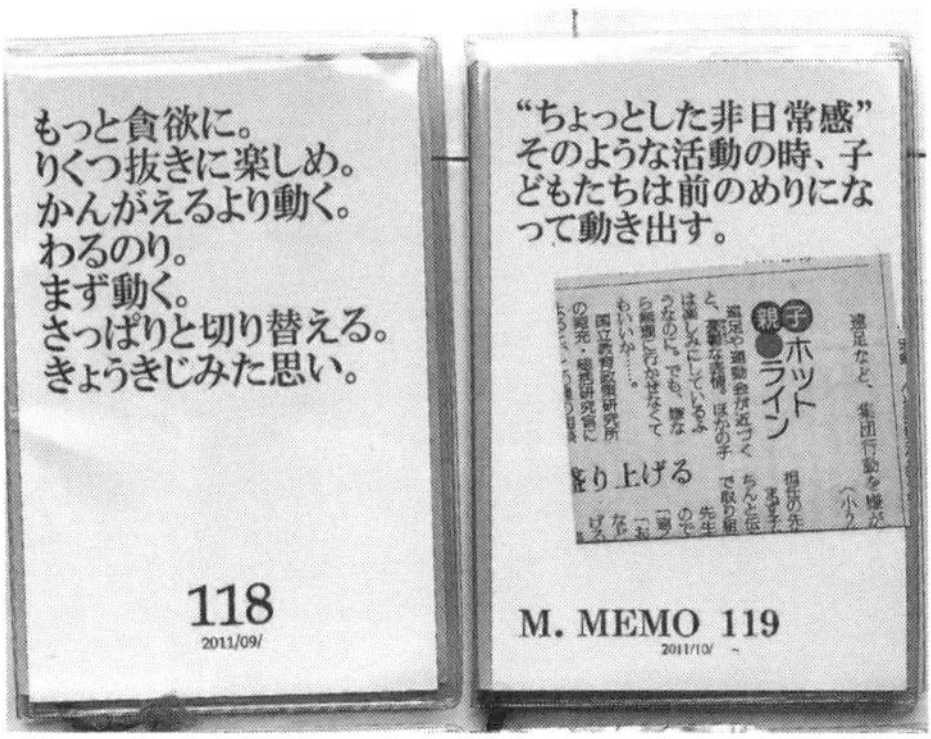
もっと貪欲に。
りくつ抜きに楽しめ。
かんがえるより動く。
わるのり。
まず動く。
さっぱりと切り替える。
きょうきじみた思い。
118
2011/09/
“ちょっとした非日常感”
そのような活動の時、子どもたちは前のめりになって動き出す。
親子ホットライン
M. MEMO 119
2011/10/ ~

これは「自分の気づき」（右）と、「自分への激励」（左）のメモ帳です。

いつも目にする**メモ帳に、自分に向けた「言葉」を印刷したり書いたりして置いておく。**自分をブラッシュアップする小さな仕掛けです。

ここにはもちろんこれまでの偉人たちが残した「名言」なども入ってきます。

「言葉」というものは大きなパワーをもっています。大きな力で自分を支えたり、励ましたりしてくれる心強い味方です。

言葉は様々なところから手に入ります。

家族の言葉
友人の言葉
本を読んでいて目にした言葉
テレビを見ていてハッとなった言葉
映画の中に出てきた言葉
新聞やチラシの中の言葉

積極的にこういった身の回りにある「言葉」に励まされましょう。感化されましょう。

そしてそれをいつも目にする場所に置いておく。それが、「言葉系」のカスタマイズです。


あ、それと。

これらの言葉は、**「言葉を置いておこう」「言葉の力を借りよう」と日常的に思っていないと、なかなか〈採集〉できません。**やはりここでも日常の「意識」から変えていくことが大切ですね。

メモ表紙カスタマイズ④収納系

M.MEMO 89
もっと食欲に。
りくつ抜きに楽しめ。
かんがえるより動く。
わるのり。
まず動く。
さっぱりと切り替える。
きょうきじみた思い。
118
“ちょっとした非日常感”
そのような活動の時、子どもたちは前のめりになって動き出す。
M. MEMO 119
リサ・ラーソン展

これはメモ帳のカバーに、訪れた資料館や美術館のチケットなどを挟み込んでおくようにしたカスタマイズです。このやり方は、長期休暇中などに役に立ちます。

私は新美南吉記念館や椋鳩十文学記念館など、教科書教材の作者由来の場所を訪ねるのが好きで、よく長期休暇などを利用して訪れます。そのときはこのカバーの中に、訪れた記念館のチケットなども一緒に挟み込んでおくとよい記録になります。カバーを見ればどこに取材に行ったたか、何を見に行ったときのメモかがすぐにわかります。

チケットなどが入って分厚くなったメモ帳がまた愛着がわくものなのです。

2

「メモ帳選び」のポイントベスト5！

森川のメモ帳選びのおすすめポイントを順位形式で楽しんでみましょうか。

1位　相性
2位　携帯のしやすさ
3位　いつでも同じものを買える
4位　無地である
5位　適度に薄い

さて、1位【相性】から。
やっぱり一番はこれです。手に取ってみたい。書いてみたい。連れていきたい。笑メモ帳は常に携帯するものですから、なんとなく書くことがなくても、「もっていたい」といった感覚は大切です。ただ、そんな感じで購入したメモ帳で、書かずにコレクションになっているものが家にはいくつもあります。笑

では、**2位【携帯のしやすさ】**。これは、メモ帳としての機能の大きな割合を占めますね。「携帯しやすい」ということ。いつももち歩くバッグのサイドポケットに入りやすい、スーツの内ポケットに入る、男性ならシャツの胸ポケットに入る……などなど自分のスタイルにフィットするかどうかですね。

先ほど紹介した「晴明メモ」はこの携帯のしやすさに優れています。無印良品さんの「文庫本ノート・薄型」も、ギュッと2つに折り込めば強引にさらにサイズを小さくすることができます。

3位【いつでも同じものを買える】。日々もつメモ帳は、当たり前ですがなくなったら補充するわけです。そこで、そのメモ帳の購入先が生活圏内、もしくは定期的に行ける範囲にあるものがいいなあと思います。旅先で特別なメモ帳を買うこともあるかもしれませんが、それは特別なとき用のメモ帳として活躍してもらって、日常使いのメモ帳はすぐに補充できるものがよいと思います。

4位【無地である】です。ここ、私にとっては大事なポイントなのです。常にもち歩くメモ帳は「無地」を使っています。無地の利点はまず、「罫線に書く場所を規定されないこと」があります。パッと書こうとしたときに、最初に目に飛び込んでくるのが「罫線」と、何もない「無地」だとアイデアや思考をメモに落とし込むときに若干の違いが出る気がします。やはり「無地」の方が開放される気がする。無地なら自ずとどこに書いても、どの方向から書いてもよいので、**何も思考をじゃましない、という状態をつくれるのが「無地」**だと思います。

あと別の利点は、旅行などで訪れた場所でスタンプや風景印を押すことがあります。それをもし社会科などでコピーしたり写真を撮ったりして使う場合に、罫線が印刷されてしまったり写り込んでしまったりするのでじゃまになるのです。無地ならコピーして罫線が印刷されるなんてことはありません。

ただ、旅先においてコンビニでもよくメモ帳を購入します。そのときは小ささを優先します。なかなか無地のメモ帳は置いていないので罫線のあるものになります。

最後、**5位【適度に薄い】**です。

これは、メモをとり続けることができるようにするためのちょっとした仕掛けです。

メモ帳が適度に薄いと、ある程度書いたら1冊全て使いきりますね。そして次のメモ帳にいくわけです。こうしてどんどんメモ帳がたまっていく。この「メモ帳がたまっていく」という状態が、メモ行為を続けるモチベーションになるのです。だから、メモ帳が分厚いとなかなか1冊が終わらないので、いつまでたってもメモ帳の冊数が増えません 笑。もちろん、メモ帳の冊数を増やすためにメモしているわけではないのですが、**「メモを書き続ける」自分になるために、たまっていく光景をその糧にしよう、**というわけです。

以上、【「メモ帳選び」のポイントベスト5】でした！

あ、そうそう。忘れていました。〈おまけ編〉を。

メモ帳は、以上のベスト5のような感覚で選んでいるのですが、例えば文具専門店や旅先などで「何だかカッコイイメモ帳」って、出会いますよね 笑。そういうときはつい買ってしまいます。

メモ帳そのものをコレクションしているというか……。

これは趣味の世界に入ると思うのですが、【あ！ コレほしい！ カッコイイ！】も〈おまけ編〉として入れておきます！ 笑

アナログメモ　実物公開!

3

実物メモ公開!「文庫本ノート・薄型」(無印良品)

実際のアナログ森川メモの中身を、一部ですがご紹介します。

今回掲載したものは約250冊のメモ帳の中のほんの一部です。

まずは先にご紹介した無印良品さんの「文庫本ノート・薄型」に書いていたメモで、10年以上前のものがほとんどです。お恥ずかしい部分も多いのですが、雰囲気を感じていただくために、そのまま実物を掲載したいと思います。

なお、「子どもメモ」に関しては第4章に掲載します。「晴明メモ」版の実物メモも、第4章の「子どもメモ」の紹介のところに掲載しているのでご覧ください。

学生時代のメモ

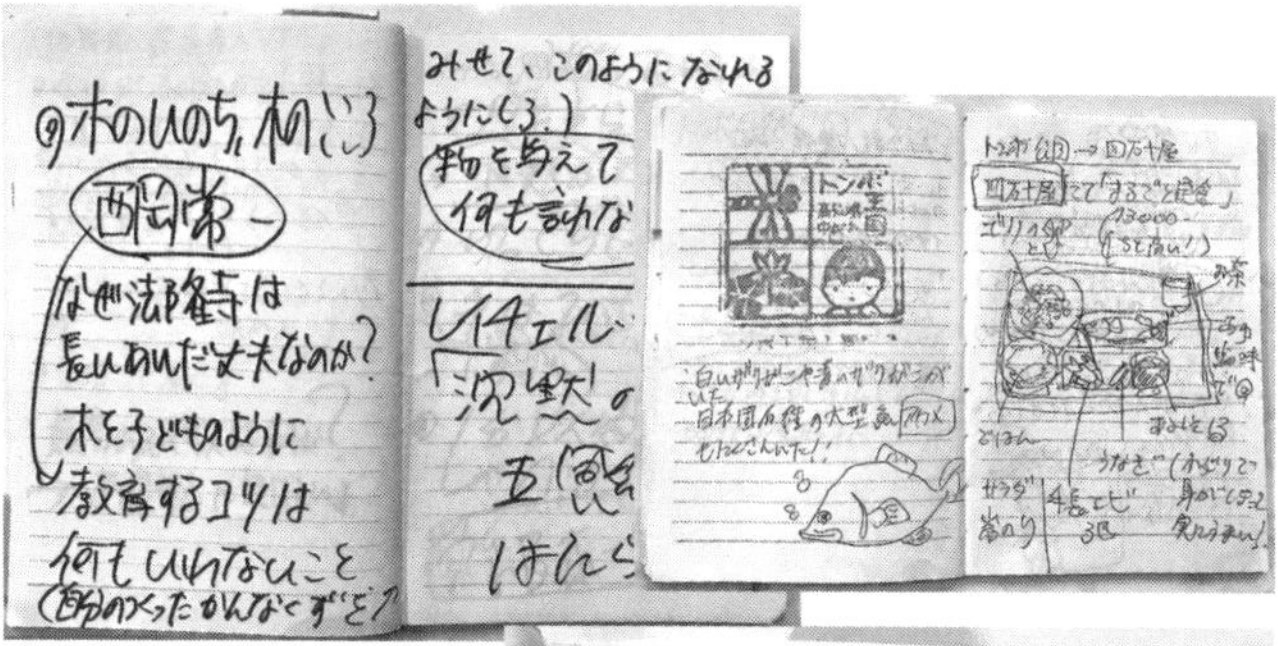

学生のときはキャンプ指導員をしていました。そのときに参加していた子どもから、しおりにもらったメッセージ。切りとってメモに貼っています。この頃は、罫線の入ったメモを使っていますね。

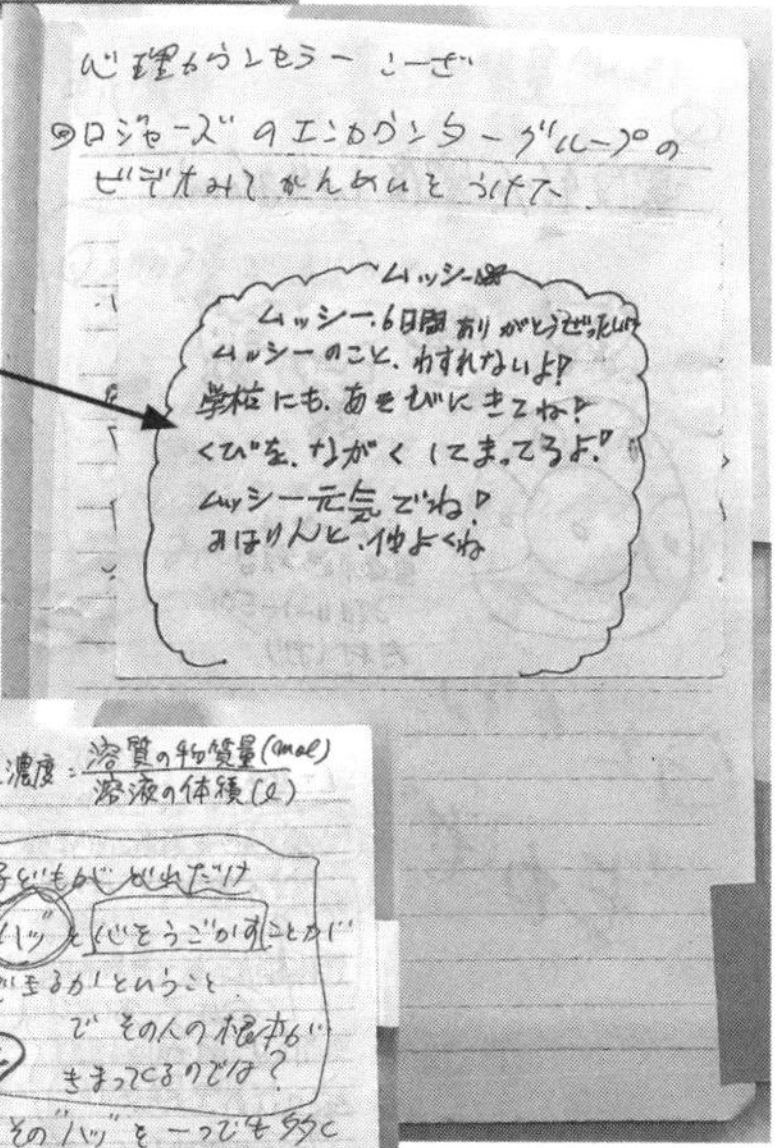

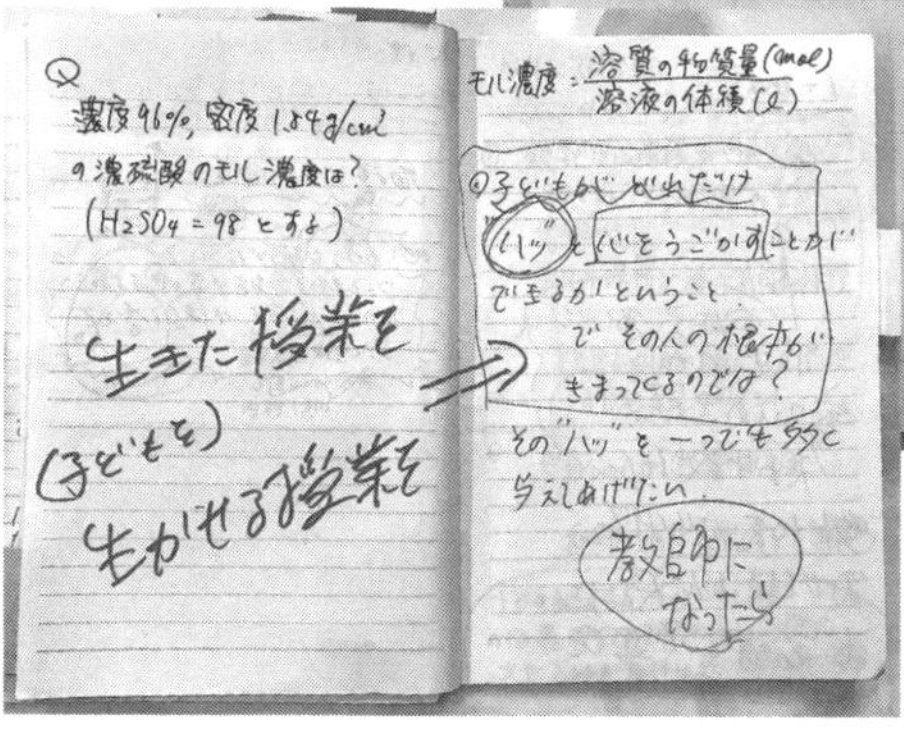

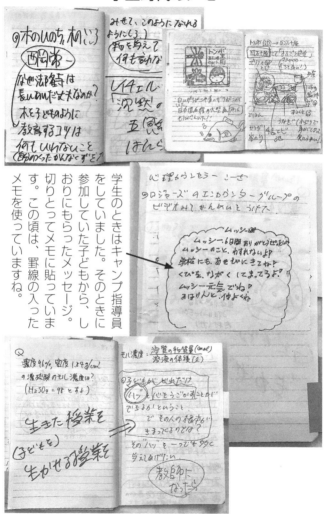

教育実習時のメモ

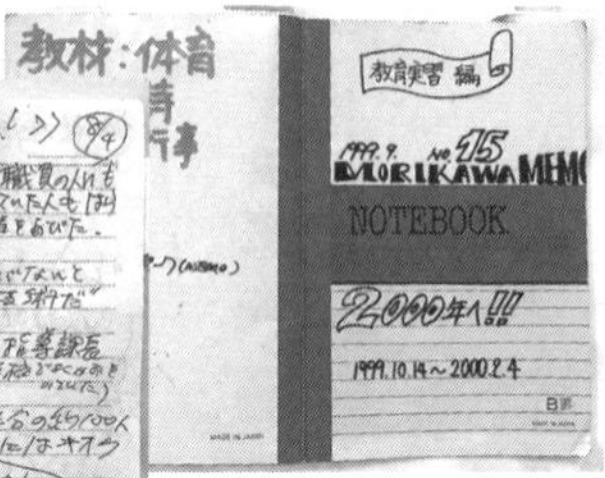

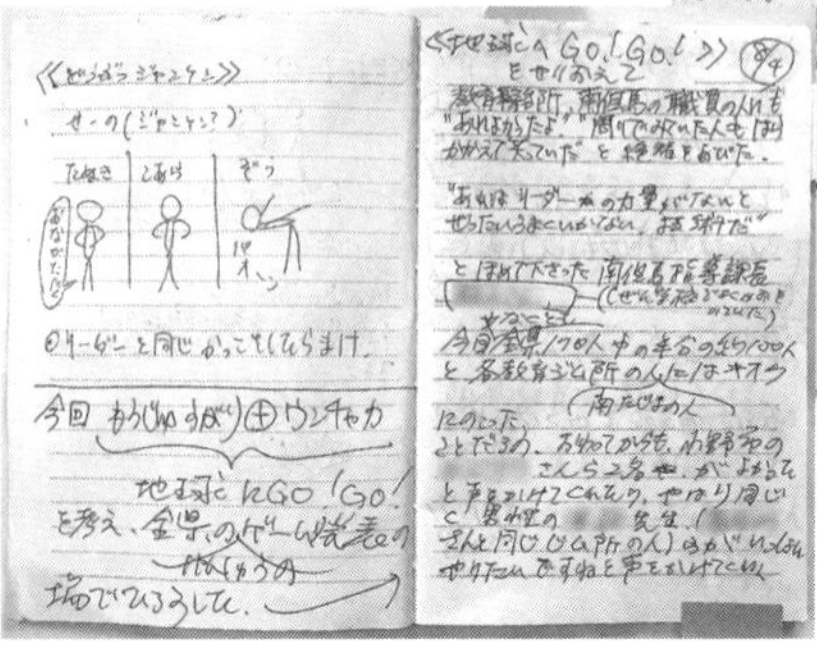

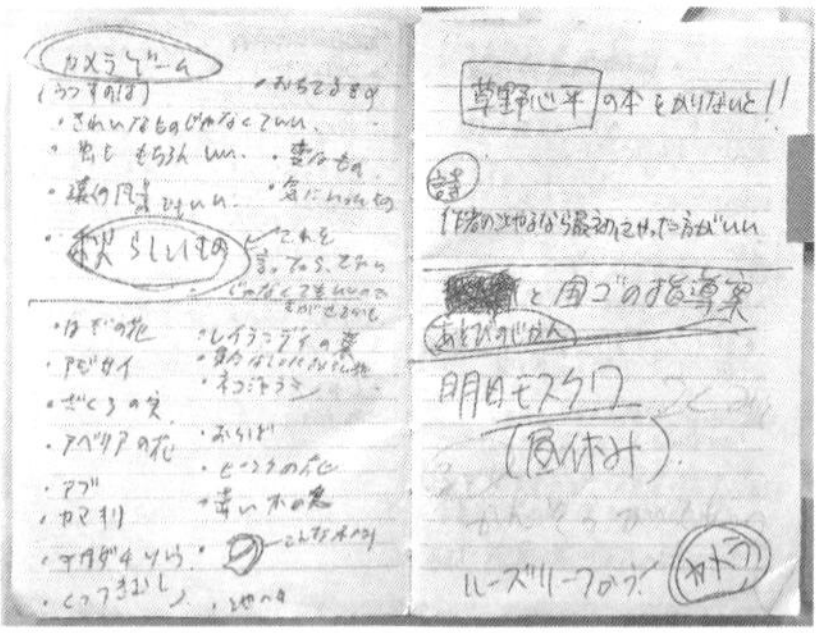

実習中に聞いたり見たりしたことをメモしています。一番下のメモは「研究授業のみかた」について書いています。ここが出発点なのですね。

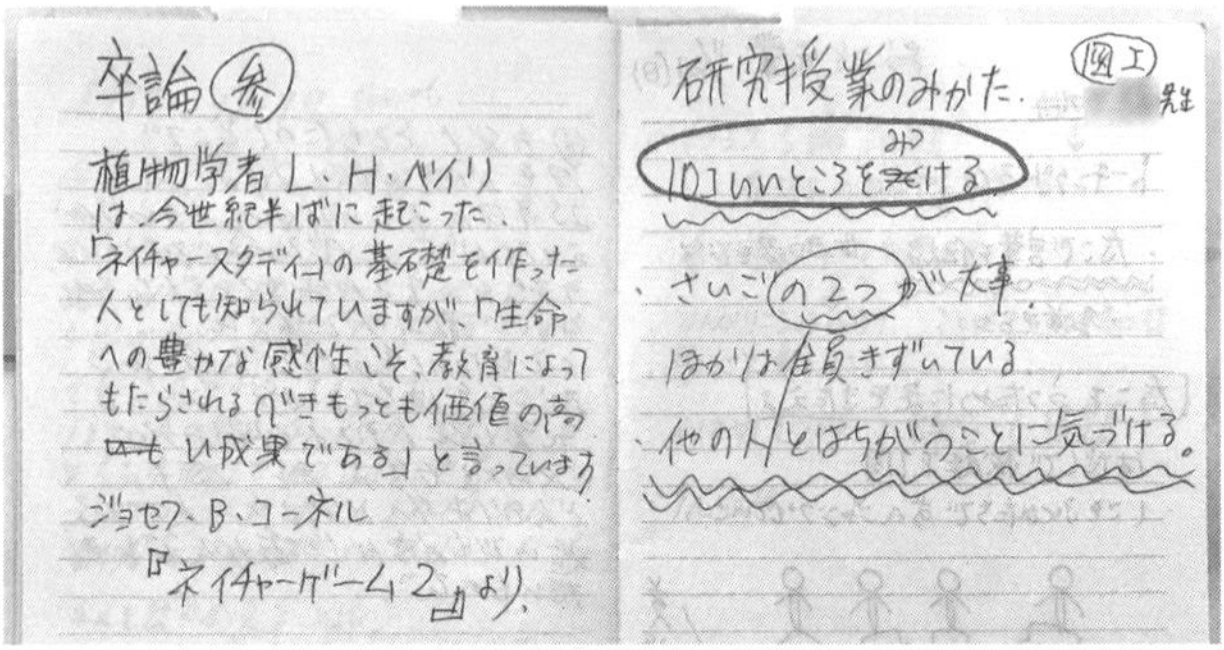

授業メモ

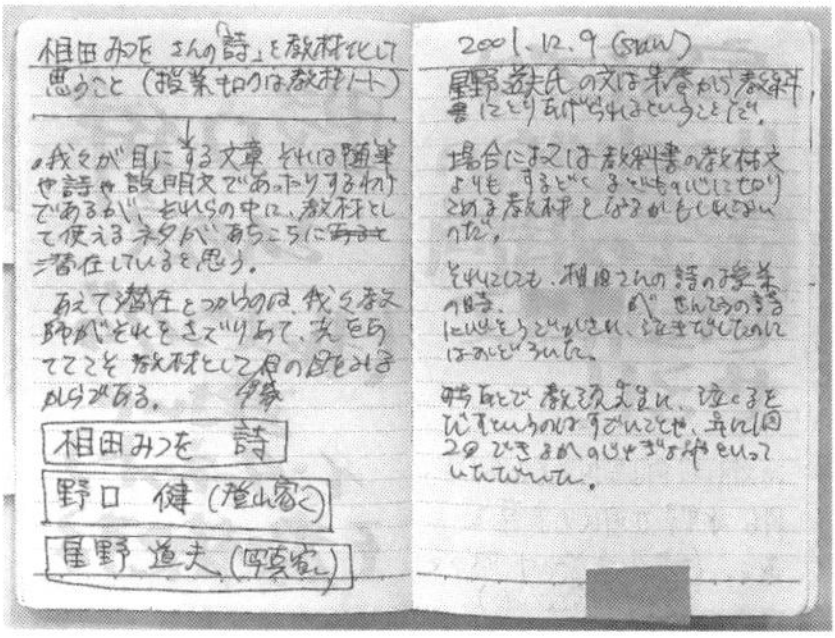

相田みつをさんの詩の授業をしていたらクラスの子どもが泣き出したときのメモ。懐かしいなあ。まだ駆け出しなのでいろいろ試したい気持ちにあふれていますね。

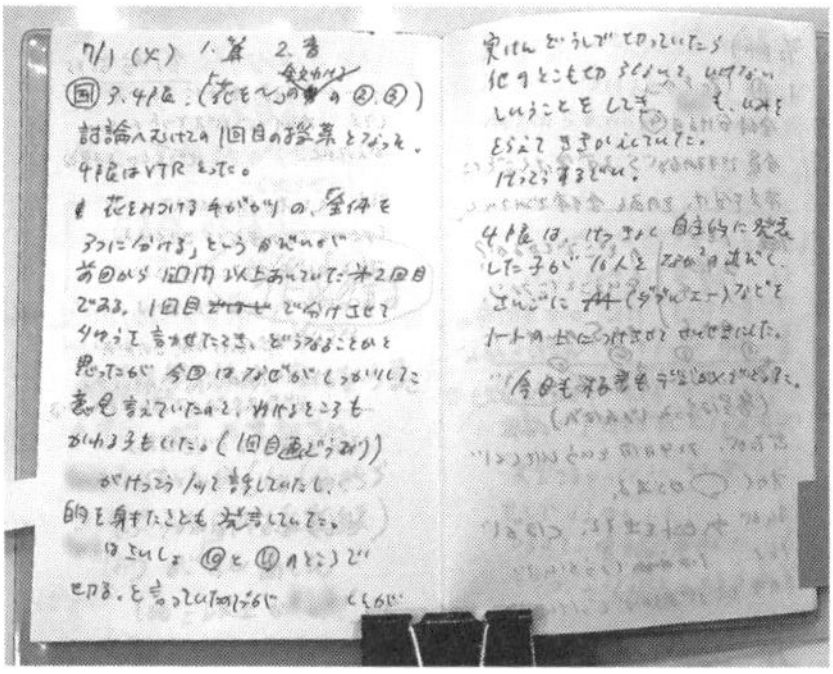

話し合いの授業の過程を記録しています。加えてキーとなる子どもの名前を複数あげています。

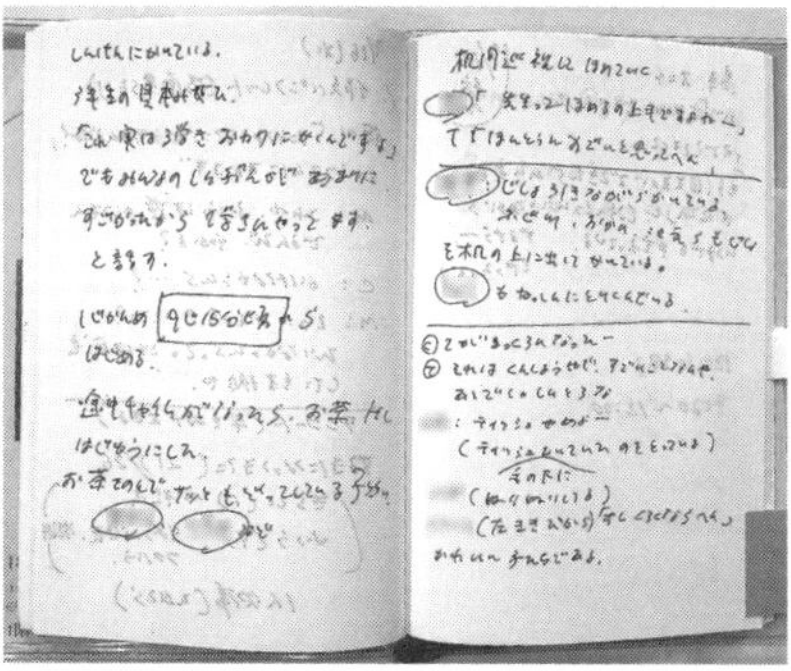

子どもたちががんばって作文を書くと手の側面が黒くなりますね。当時からそれを勲章として子どもに伝えていたことがわかります。左ききは黒くならないんだよなあ……そんなほほえましい場面を切りとったメモ。

キャンプ中の現地メモ

このメモは子どもたちをキャンプに引率したときに現地で書いたメモです。マッツーとは学年を組んでいた先生で変身してドンチャカ星人となります 笑。ウンチャカ星人が森川です。

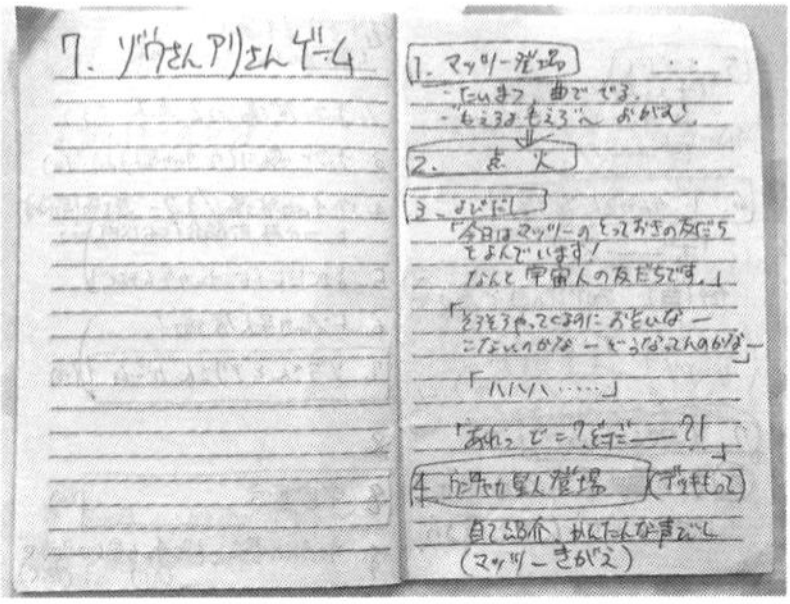

このときは学年の先生と2人でキャンプファイヤーのMCをしたのですが、ギリギリまで教員控室でリハーサルをしていたのを思い出します。メモ、細かくイメージして書いていますね。懐かしいなあ……。

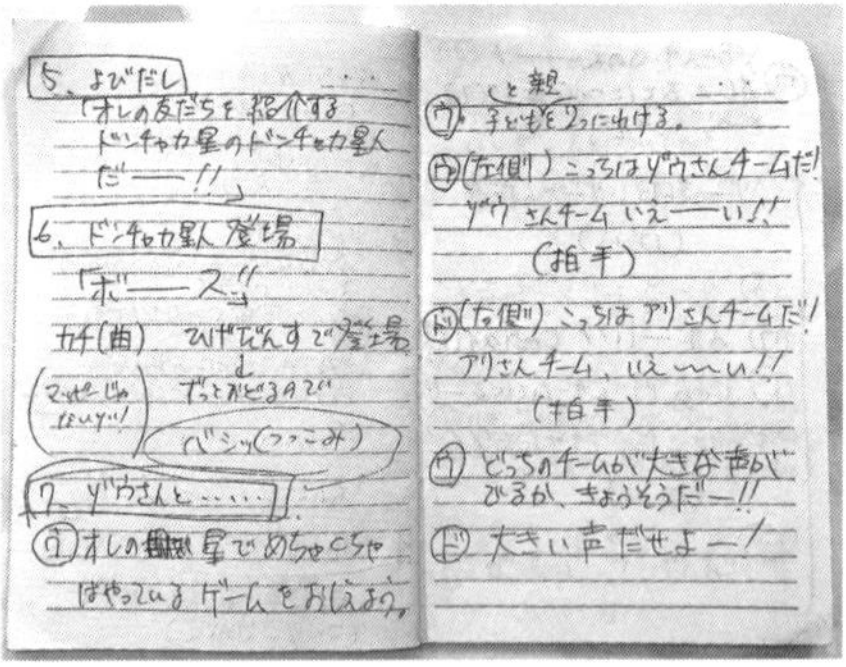

上のメモには「ベシッ（つっこみ）」という記述も……。後から冷静になって読むとおかしいですね。

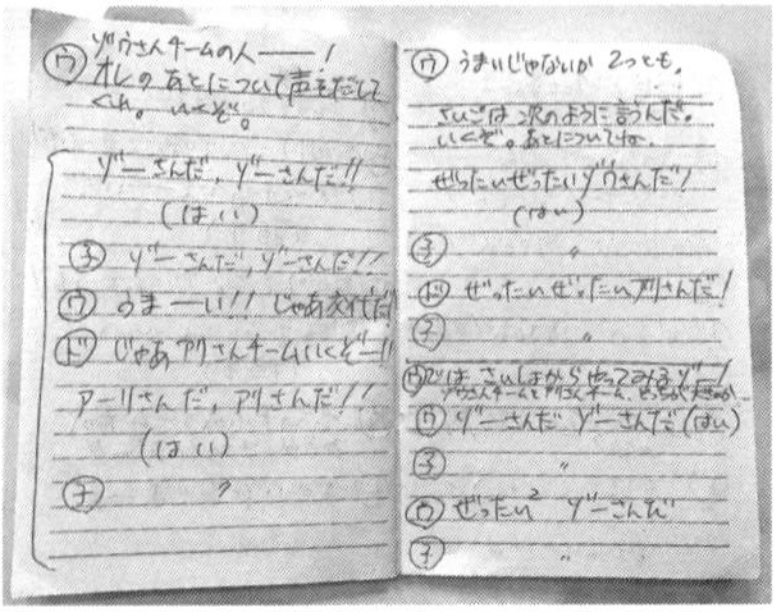

アイデアメモ①

「作文」（書くこと）に関するアイデアですね。メモ自体はいずれももう10年以上前のものです。

左上のメモは、和歌山県立自然博物館を訪れた際に思いついたメモで、博物館で生き物のトレーディングカードを配布していたのです。それが当時は斬新で、授業に取り入れられないかと考えました。

アイデアメモは見返すことを想定して大きめの字で書いたり、図解をしたりとわかりやすく書いておくとよいです。

アイデアメモ②

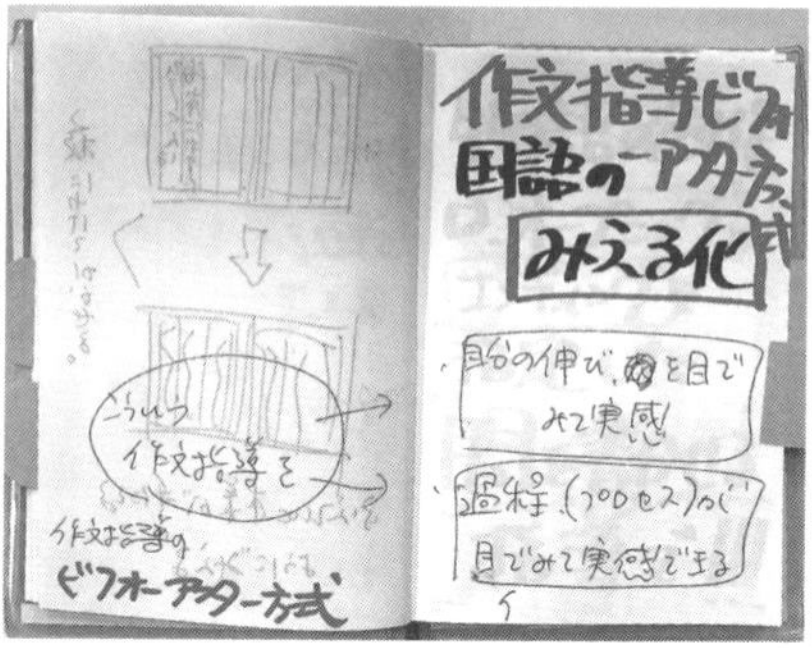

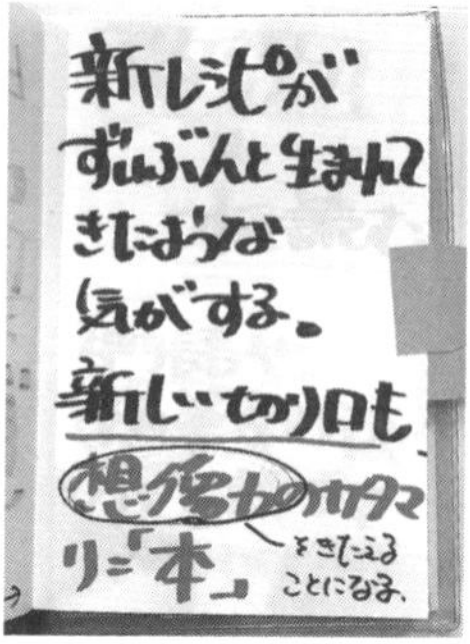

こちらもアイデアメモです。私は「書くこと」の指導をずっと続けており、子どもたちには、様々な「書く活動」のことを「作文レシピ」と呼んで取り組ませています。書く手立てや、題材、シチュエーションが思い浮かんだら、すぐにメモするようにしています。今は、そのメインをスマホのリマインダー機能が担っていますが、アナログで書くこともあります。

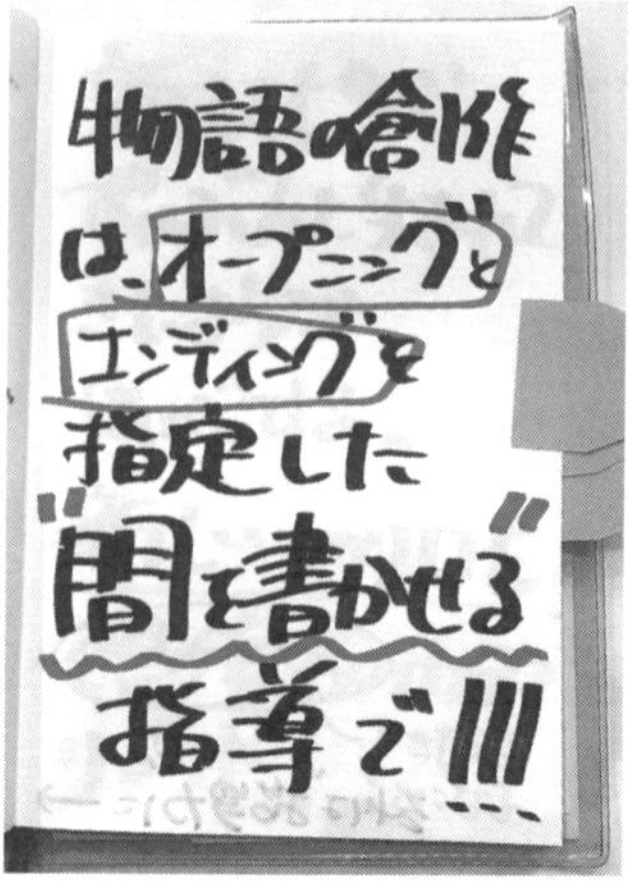

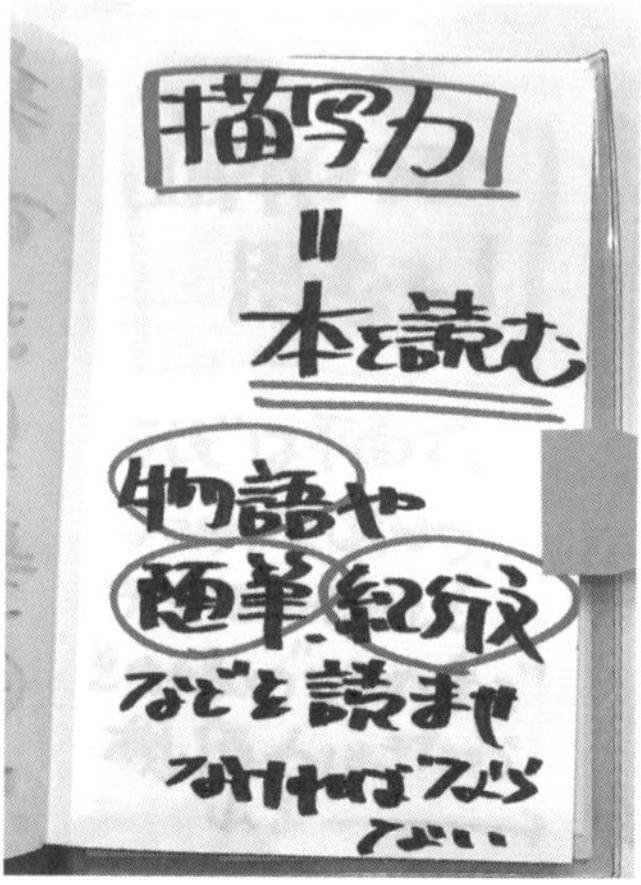

考えたことメモ

左は写真家の今森光彦氏の講演会のときのメモ。この「気づき」こそ、自分を高めてくれます。

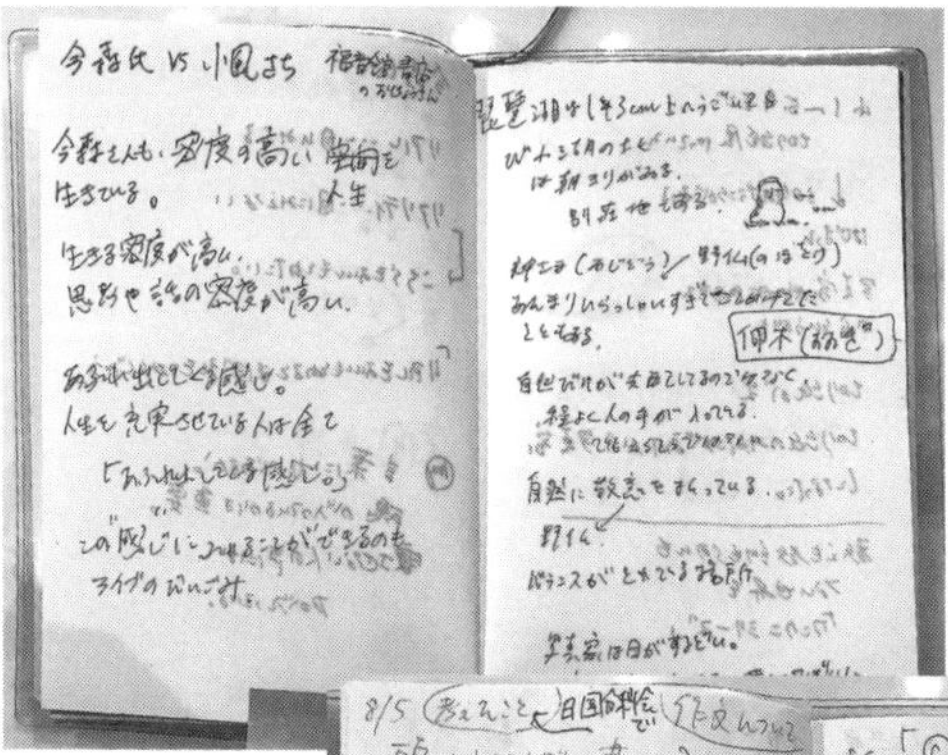

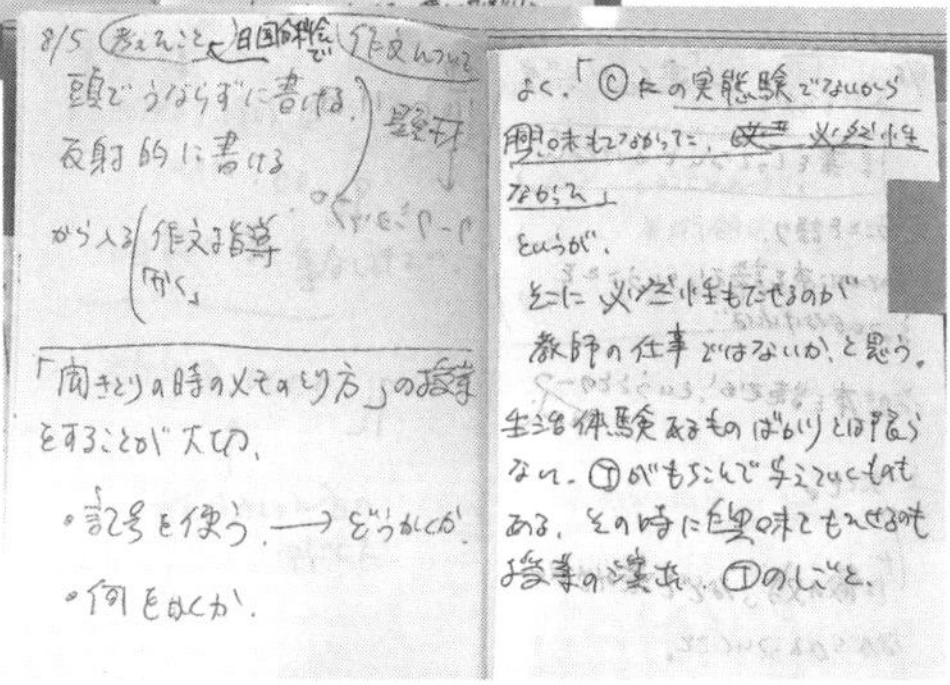

メモは「言葉」や「書くこと」「読書」など、日常的に子どもたちができること、教師がアプローチできることに関するもの、自分の気づきに関するものが多いです。

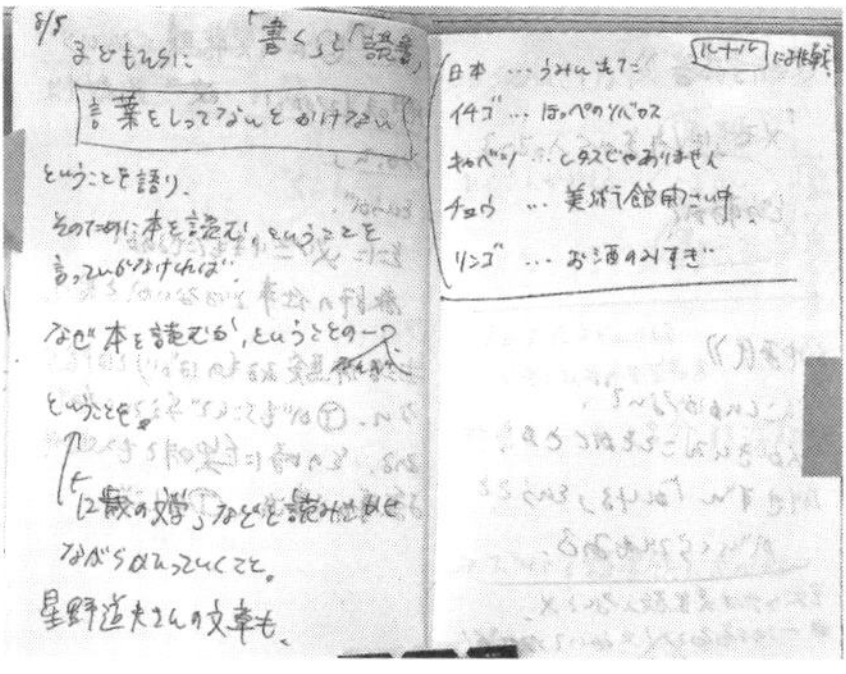

おまけ

私のメモの中で「イラスト」は大きな意味をもちます。メモは「大事なことを書く」というくくりだけではなく、「他愛ないものも書く」という感じです。メモを書きながら呼吸を整えているというか……。忙しさにかまけて、200号や250号の節目のイラストを描いていなかったなあ……。

今回こうして本にまとめるにあたり、昔の「アナログメモ」を出してきて読んだり、写真を撮ったりしていると、その時々の思い出がありありとよみがえってきました。

やはり私の教師人生はメモとともにあるなぁ……と。

アナログメモは、タイムカプセルですね。

そのときの「私」が「メモという名のタイムカプセル」に入れられている。

そのときの「思い」が入っている。

そのときの「空気」が入っている。

そんな気がしました。

メモがなければ思い出されなかったことです。特にアナログメモは、筆跡や動きがそこに閉じ込められているので余計にそのときのことが懐かしく、ありありと思い出されるのだと思います。

やはり「アナログメモ」もとても大事な私のメモのツールです。

4 デジタルメモのツール

スマートフォン

日々の音声授業記録やリマインダーを使っての記録に使用しています。（第6章参照）

iPad

主に、板書写真を撮影して授業記録などに使用しています。（第5章参照）

ポメラ

まとまった字数を打つ場合は、「ポメラ」（キングジム）がおすすめです。ポメラがいいのは、めちゃくちゃ軽くて、もち運びが便利な文章を打つのに特化したツールだから。

起動も2秒なので、とにかくいきなり打ち始めることができます。もちろん今、この文章はポメラで家のバルコニーで打っています。パソコンを運ばなくてもよく、iPad の打ちにくさもなく、片手にポメラをつまんで、外に出て、開いたらいきなり打ち始める。もしテーブルがなくても膝の上で打てます。

しばらくして、バルコニーの手すりにポメラを移動させて、時折日没後の三日月を見上げながら打つことにしました。ポメラとともに場所を変えながら打つ。そんな芸当ができるのもポメラならでは。ということで、ポメラは勤務帰りにカフェで授業記録を書いたり、公園のベンチで授業構想を文字化したりするなど、スマートに、おしゃれに（笑）仕事をすることができるのです。

何かを書いたり打ったりするときに、その「環境」はとても重要です。気分がのって、気持ちよく書き進められる環境に自分を置く。そのためにポメラはとても使い勝手がよいのです。

この原稿を書いている時点での最新機は、「ＤＭ２５０」。こちらは縦書きに「シナリオモード」が追加され、子どもとの対話がメインである授業記録を書きやすくなりました。連続使用時間も長くなりましたし、ＡＴＯＫ機能が強化されて入力が便利になり、原稿用紙モードや罫線モードなど、「打ち込み」ということに特化した機能がさらにパワーアップしています。

さらに！　アプリを使ってスマホとのWi-Fiを使っての接続も可能になり、文書やアイデアのテキストファイルの共有がスムーズになりました。

……と、ここまで書いてきた私自身は「ＤＭ１００」という旧タイプを使っているのです。しかし！　たった今、最新タイプへの買い換えを決定いたしました。笑

〈ここまでは過去の私です〉

〈ここからは現在の私〉

ポメラＤＭ２５０が届きました！

前の文章は旧ポメラを使っていたのですが、ここからこの原稿はポメラ「ＤＭ２５０」を使って打っています。

まず私が発した第一声。「いい！」でした。笑

何といっても打ち込み時のタイピング感が違います。以前私が使っていた「ＤＭ１００」はタイピングが、「パチン、パチン」という感じだったのですが、「ＤＭ２５０」は

「タン、タン」という感じ（わかる？）で、静かでカチッとした打ち心地なのです。

さらにディスプレイ画面の下に文字数も常に表示されるようになっているので、「今、これぐらい書いているのだな」と進行具合の確認がしやすくなりました。

メモを実際に書くときも、メモを打つときも、その行為自体ができるだけ快適であることが大切です。このポメラは、「打っていること自体が気持ちいい」という感覚にさせてくれるものがあります。

当然キーボード部分もディスプレイ部分もノートパソコンやデスクトップパソコンよりも小さいですが、もち運びできて、気が向いたときにどこでも打ち始めることができるということを考えれば、打ち心地がよりよくなり、「打ち込み」機能がバージョンアップした最新のポメラで授業記録、日々の記録を書かれてはいかがでしょうか。

さてこの原稿、今ここからの打ち込みはまた場所が変わっていて、近所の公園のお気に入りの場所で書いています。東屋《あずまや》のような場所。

今日は秋晴れの10月の日曜日、風も気持ちがよく、キンモクセイの香りも運んできてくれています。

記録を書いたり、原稿を書いたりするときは、その「場所」も大切です。ポメラを使えば、様々な場所で気分を変えながら書くことができるので、重宝するのです。

「ポメラ」。メモをよくする方、こまめに打つ機会がある方、どこでも打ちたい方、加えて、雑誌論文や、書籍を執筆される方には絶対におすすめのガジェットです。

あ、これ〝案件〟ではありませんよ。笑

第3章

実務メモのとり方と活用

1 実務メモ「アナログ」

一元管理

日常の基本的な備忘録は、教師専用のスケジュール帳『ティーチャーズ　ログ・ノート』(フォーラム・A)を使用しています。私が監修させてもらっていますが、巻末の「日記のお題120選」など現場の先生が使いやすい手帳にしています。

月間の仕事の予定、会議の内容からのメモなどを、1冊のスケジュール帳に書き込んでいきます。配布されたプリントも再度目を通すものはこのスケジュール帳に全て貼ります。一元管理です。スケジュールはこの1冊を見れば全て出てきます。

メモはこのメモ帳を見返していけば、得たかった情報にいきあたる、その考え方のもとに一元管理をしています。私は細かく分類するのが苦手で、もっというと片づけが大の苦

手です　笑。ですから、**一元管理をして、「とりあえずたどっていけばたどりつく」という管理**の仕方です。

デジタルでの一元管理もよいのですが、デジタルの場合、万が一、データが消えたり、画面が壊れたりした場合、一瞬で情報にアクセスできなくなります。（怖い！）

「デジタルメモ」はとても便利なので併用しますが、校務のような日常的なスケジュール管理はアナログメモで行っています。

ただ、デジタルかアナログかはそれぞれの考え方によりますので、どちらがよいかという話ではありません。自分の好みによって使い分ければよいかと思います。

たまっていく充実感

アナログメモの意外なよいところ。それは、メモが「たまっていく感」が何ともいえない充実感を生む、というところです。（私だけかな？）

メモがどんどんたまっていくこと。それは、自分が精一杯歩いてきた「証」がたまっていくということ。人生にきちんと自分の存在意義を刻み込んでいるという実感がわくのです。

第1章でこれまでの「森川メモ」の集合写真を掲載しました。今回メモに関する本を書く際に、これまでのメモたちを全て引っ張り出してきました。

メモは学生時代からあります。写真にもちょっとだけ写っていて、上部に「教育実習編」と書かれたメモが見えます。

教育実習時もたくさんメモしました。子どもたちと接しての「気づき」はもちろんですが、「実務的なメモ」もたくさんしました。まず何よりも、全てにおいて教育現場でのやり方がわからないからです。メモをしながらどんどん刻み込んでいくイメージです。もちろんメモをしたからできるようになるわけではありませんが、「メモをしていること」で「自分は向上しているんだ」ということにして必死に書いていたように思います。

実習中のメモの中に、こんな記述がありました。


「手と背中をピンと伸ばして必死にあててもらおうとしている児童。子どもたちの目が生き生きしている。グイグイくいついてきているのが肌でわかった。これが子どもがノッたときの授業だと感じた」

教育実習は5年生を担当させてもらいました。このときのメモは、草野心平の詩の授業をさせていただいたときのものです。当然つたない授業だったと思いますが、子どもたちは精一杯私の授業につきあってくれて、元気に授業を受けてくれました。この記述は「実務メモ」とは少し違いますが、今後教師を続けていく自分にとっての大きな実感であったのです。

文字に宿る気持ち

アナログメモならではのよさとして、「実務メモ」でも「子どもメモ」でも同じですが、**メモに書かれた自分の字を後から見てみると、そこに明らかに「気持ち」が宿っている、**と感じるときがあります。

技術を発見して興奮して書き込んでいる。

仕事の手順を忘れないように丁寧に書き込んでいる。

急いでメモしていて途中で切れている……。

こういうこと全てがその書かれた文字から伝わってきます。今回も随分前の教育実習の時代のメモからいろいろなことが思い出され、それが改めて自分への刺激となりました。

2 実務メモ「デジタル」

リマインダー＋音声録音

　これはみなさんよくやっていることだと思いますが、スマートフォンのリマインダー機能を使って、やらなければならないことをその都度打ち込んでいます。同時に通知機能でより〈抜け〉がなくなります。これがアナログメモと大きく違うところですね。容量を気にせずに、どんどん「やらなければならないこと」を打ち込んでおける。さらに、通知機能で、それを指定した時間に知らせてくれる。今さらですが、大変便利な時代になりました。

　ToDoリストとしてリマインダー機能を使っているうちに、そこには様々な項目が誕生していきました。

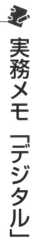

いわゆる紙のメモ帳に書いていた内容と同様のこともデジタルで書きため始めています。別の章で書いていますが、「様々なアイデア」もデジタルなら項目別にすぐに整理できます。

加えてデジタルの便利な特徴は、音声録音ができること。

少し長めの内容でも、場所さえ大丈夫なら音声でサッとメモできます。車を運転しているときはスマートフォンを触ることはできないので、音声録音はとても便利です。また、私は車に乗り込むまでの少しの時間に、忘れてはいけないようなメモを歩きながら音声で録音することもよくあります。

このことは「授業記録」をとるときに、より実感しています。

授業メモについては第5章でお伝えします。

3 実務メモの本当の目的

実務メモには本当の目的があります。

それは……

「忘れるため」

メモを書くことで、忘れられるわけです。書いたから、安心して忘れられる。これで、メンタル的にとても楽になります。とりあえず書いて、その分の記憶の容量をあける、そんな感じでしょうか。特に実務メモは、「書いて忘れる行為」と考えています。スケジュール帳に予定を書き込んでしまって、忘れる。

この日にこれを言わなければならない、ということをメモすることで、その日まで気にすることなく過ごせます。

私たち教師が1日の中でこなさなければならないタスクは無数にあります。それならば、それらを意識する、覚えておくといった小さなストレスから身を守ることも大切です。そのためにとにかくメモをして、**メモ帳、スケジュール帳に負担の肩代わりをしてもらう**のです。

ただ、少し気をつけたいのは、「メモをしていることで逆に無思考になってしまう」こと。特に実務に関しては、メモは無思考でできます。しかし、人の大事な内容の話をメモすることに全力になるあまり、自分の頭で理解していない、そうなってしまってはいけませんね。

無思考でよい本当に事務的な場面と、きちんと自分の判断や考えを反映させてカラダに入れておかなければならない場合は違うと意識しておきたいものです。

本項では、

「脱力目的・ストレスフリー目的の事務的作業メモ」

について扱いました。

うまく使い分けたいものです。

実務メモ「番外編」4

家族に話す

ここからは、番外編です。

実務的に忘れてしまいそうなことは人に話すのが一番だと思います。笑

家族や近しい人に話しておくと、「そういえばあれ、やったの?」と声をかけてくれます。

子どもたちに話す

これもよく使うことなのですが、「その日のうちに子どもたちに伝えなければならないこと」って、出てきますよね。急にしなければならない連絡です。

そういうときは付箋にメモをして見えるところに貼っておくという手段を使います。それも行った上で、より確実に連絡をするために近くにいる子どもたちに話すのです。

「先生、終わりの会で○○のことをみんなに話さなければならないから覚えておいてね」

という具合です。さらに、こうつけたします。

「先生は忘れます！」（きっぱり）

こうして子どもたちに宣言してしまうのです。一緒に覚えておいてもらうわけですね。そうすればそのときになって「先生、あれ……」と言ってくれます。感謝感謝。
しかし、それでも忘れてしまうことがありました。もちろん私が悪いのですが、そのときは4人くらいの子どもたちに話して一緒に覚えておいてもらう予定だったのですが、実際に言うべきときになって4人全員が忘れてしまっていたのでした。笑
なので、子どもたちに話すときはより大勢に話すのが得策かもしれません。何ならクラ

ス全員に告げておく。そうすればさすがに1人ぐらい覚えていてくれるものです。

あと、「子どもたちに話す」という行為自体がそのことを自分により意識させることにつながるので自分自身の意識も高まります。

告げることで意識の段階を高められるのも「人に話す」ということの効果かもしれませんね。

第4章

子どもメモのとり方と活用

1 子どもメモ「アナログ」

子どもの呟きを拾い続ける

第2章で少し触れましたが「子どもメモ」についてです。

私が教師になるとき、これだけは続けていこうと決めて行ってきたのが、「子どもの素敵な呟きや姿をメモしよう」ということ。第1章でも書きましたが、メモし続けていくうちに教師としての自分にも変化が表れ、それは今日まで続いているライフワークとなっています。

ちなみに、子どもの呟きメモ、第1号は何だったのか気になって調べてみました。それが次の写真です。

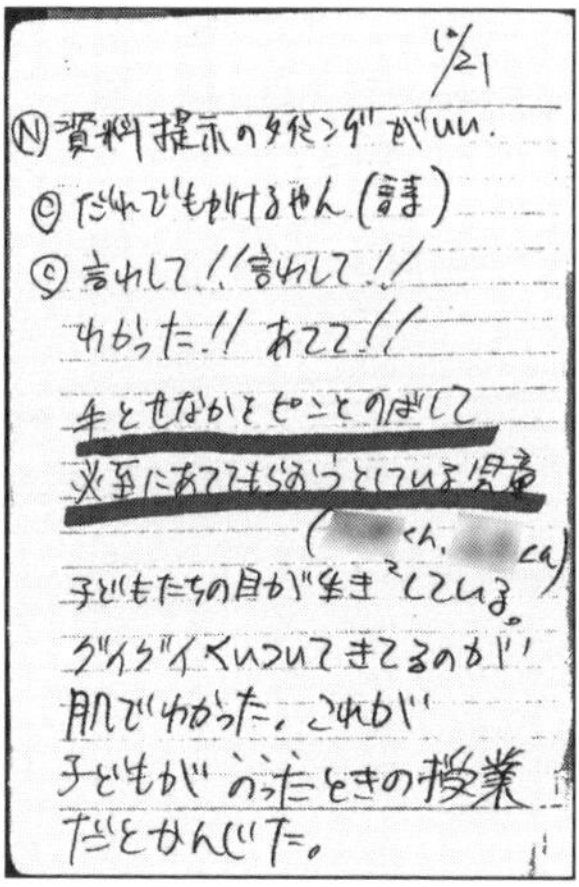

このメモは教育実習時代のメモ。授業をさせてもらった後のメモです。

「だれでもかけるやん」

「言わして!!　言わして!!」「わかった!!　あてて!!」

子どもたちが「言いたい！」と必死になっている姿が私の原点になっていたのだなあ、と感じ、そしてそれは今もまた追い求めている姿なのだと実感しました。

子どもの目の高さになるとは？

教師になったとき、「子どもの目の高さで指導する」ということを教えていただきました。しかし、どうすれば子どもの「目の高さ」になれるのか、それがわからなかった。もしくはそれは、教師になった者それぞれが、模索し、もがき、見つけていくものなのかもしれません。

私はそれが、「子どもの素敵な呟きや姿をメモする」ということでした。結果的にこれが私にとって正解だったのです。

呟きを拾い続ける行為は、「呟きが向こうから飛び込んでくる」ようなサイクルを教師としての私の中に生みました。廊下を歩いていて、すれ違うクラスの子どもたちの素敵な呟きがスーッと耳に入ってくる感じです。

さらに、「よい呟き」を意図的に拾おうとし続けることで、「子どものよいところを視る習慣」が体の中にできあがったように思います。習慣というものは、意識して、意識して意識し続けて無意識でできるようになることです。

ですから、はっきり言えます。

子どもの素敵な呟きや姿をメモし続けることは、教師としての身体《からだ》をつくるのに大いに役立つ、と。

「子どもメモ」は私の教師人生のライフワークなのです。

子どもメモ

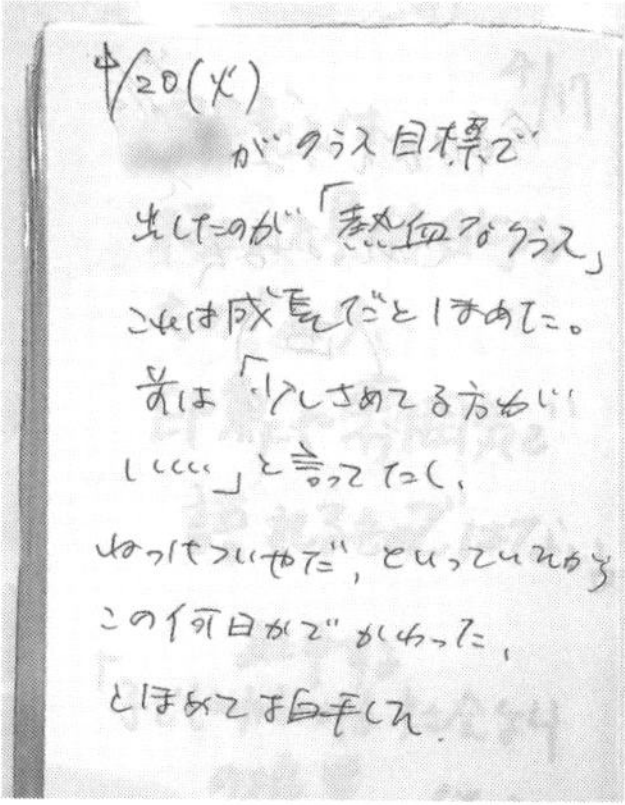

些細なことだけれど、クラスの子の成長をメモしておきます。

子どもの様子をマンガでメモしています。そのまま学級通信『夢虫』に掲載することも。無地のメモはそれができるので重宝するのです。
下のメモは……お恥ずかしい……笑。

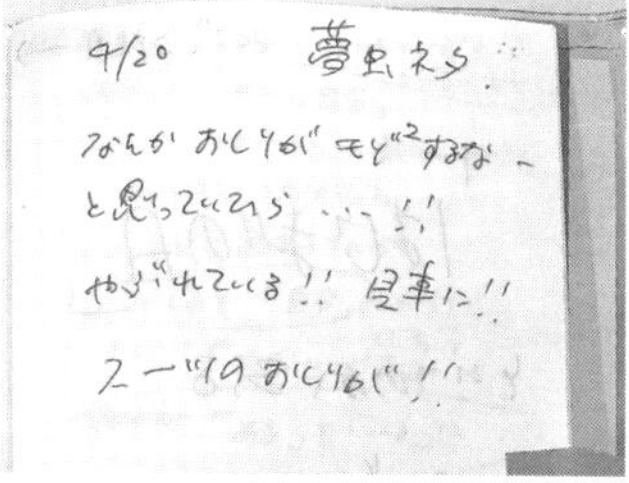

これらのメモは1年生担任時のもので、毎朝の「係からの連絡」を全てメモしていました。毎日メモをとっていると、その子の発言が変わってくるのがわかります。1年生ですからその成長も加速度的。話す内容もほほえましいものもあり、記録していて楽しいです。〈ぼかし〉があるところには「子どもの名前」が入ります。ここから晴明メモ版ですね。

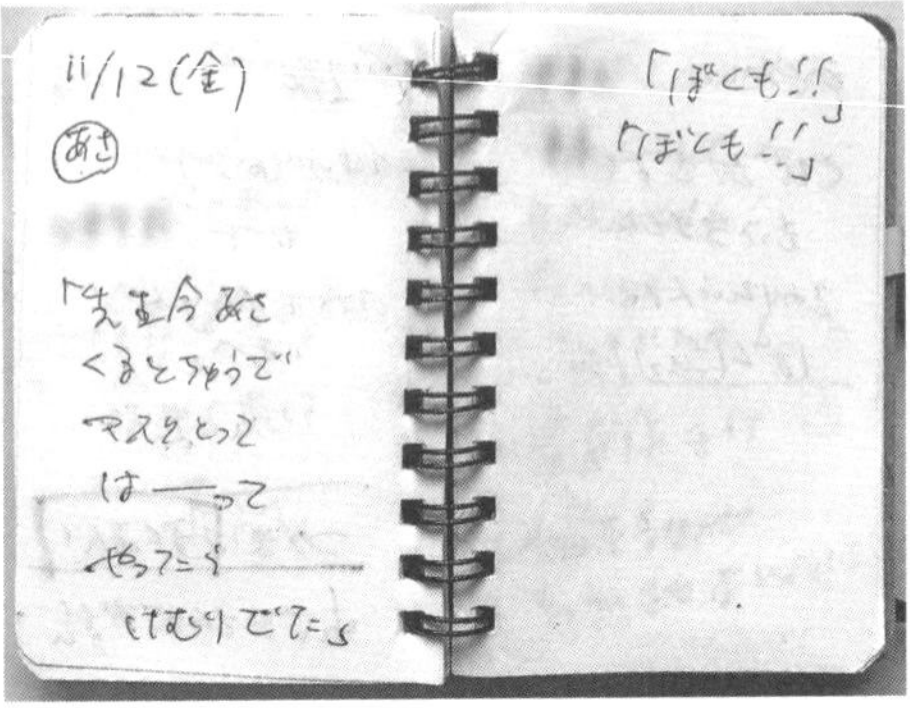

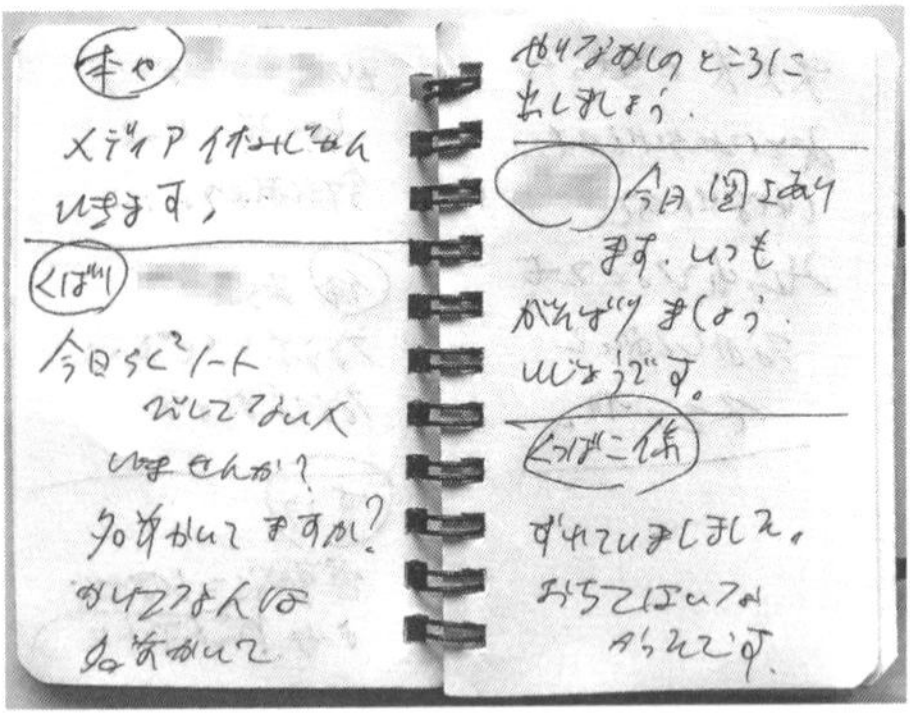

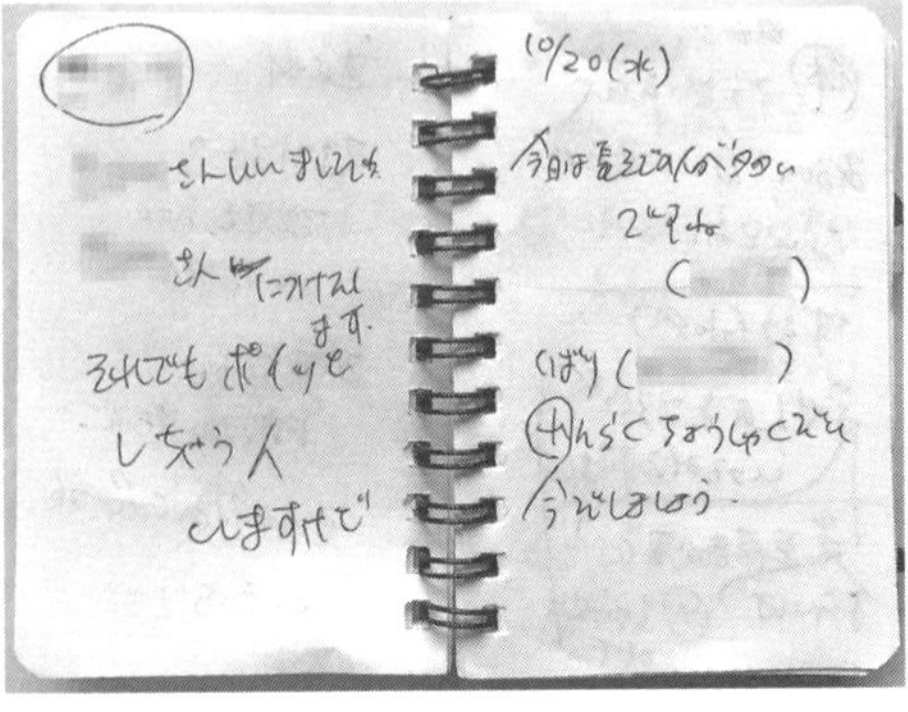

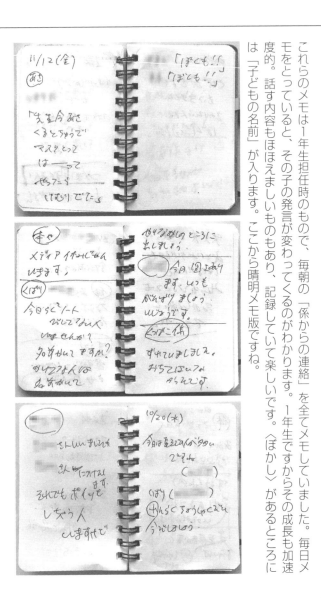

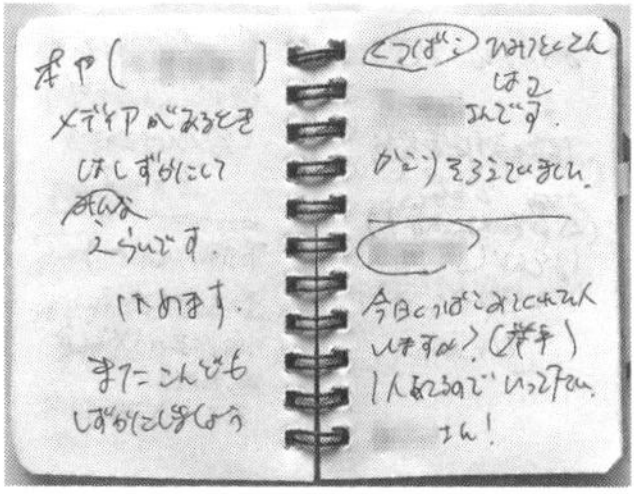

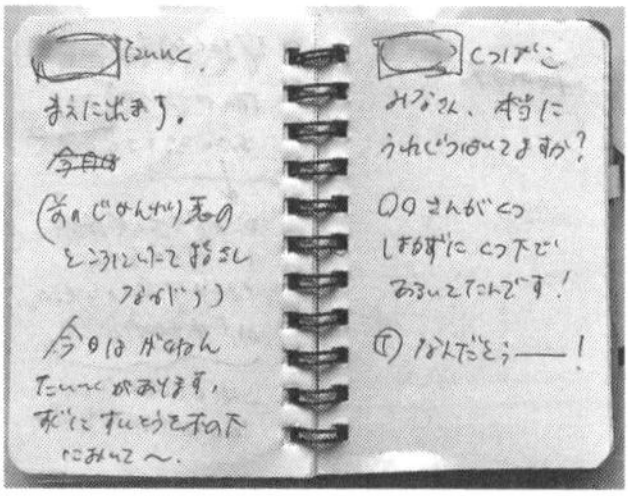

左のメモの「本や」とは、「本屋さん係」という本棚の整理整頓係の名前です。「メディア（図書）があるときはみんなしずかにしてえらいです。ほめます」と書いています。「ほめます」って、面白いでしょ。「１人あてるのでいって下さい」とか、子どもの成長を感じる瞬間です。

右のメモは、係ではなく日直の朝の挨拶前の一言です。「今日はちょっとさむいですが心の中はあたたかく……」って素敵ですよね。

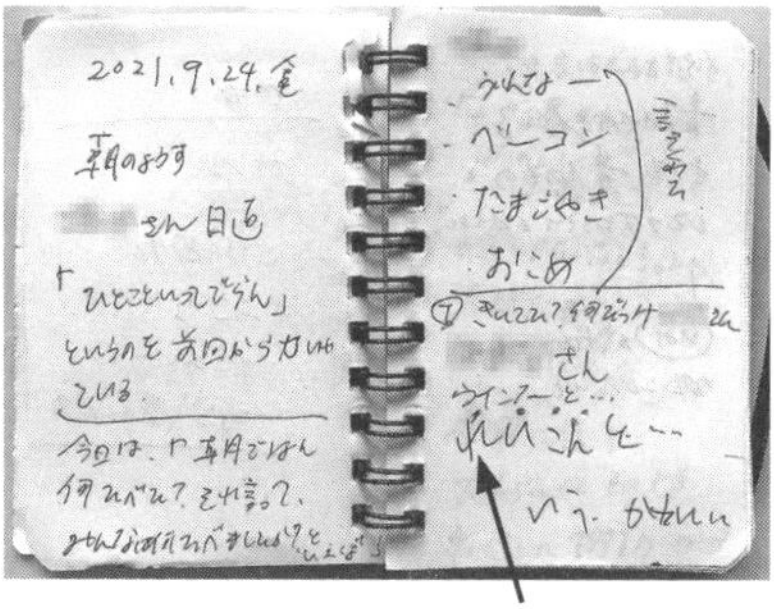

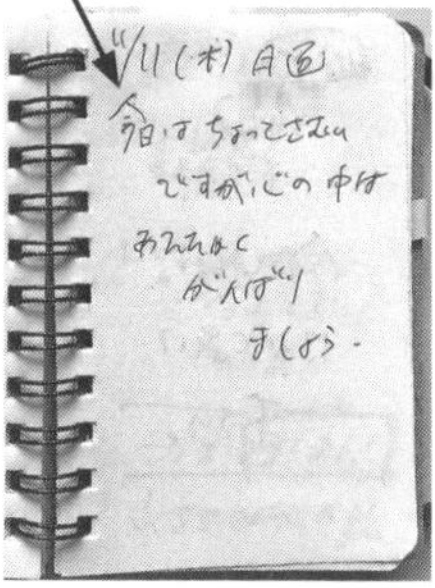

左のメモは日直に「何か一言言ってごらん」と始めた企画で、「朝ごはん何食べた？」の一言の後、「みんなは何食べた？」と聞かせているときのメモ。聞いていたかの確認に別の子をあてたら、「ベーコン」を「霊魂《れいこん》」と言っていて、思わず吹き出しました。笑

子どもの発言から、その子に対して気づいたことを書いています。覚えるのではなく、自分に刻み込む、というためのメモです。

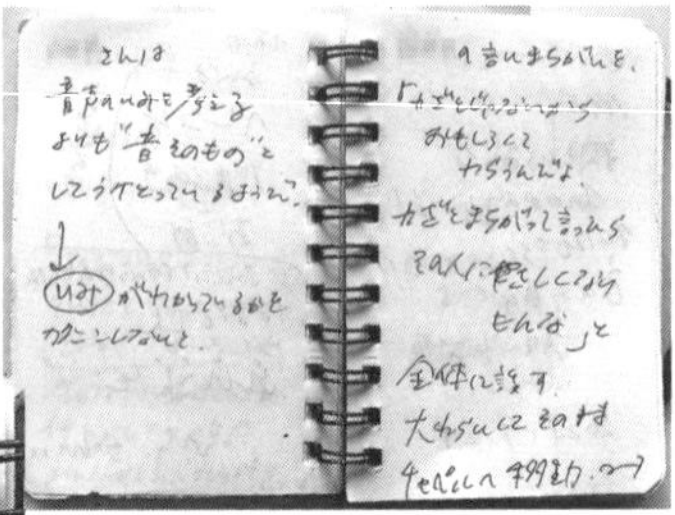

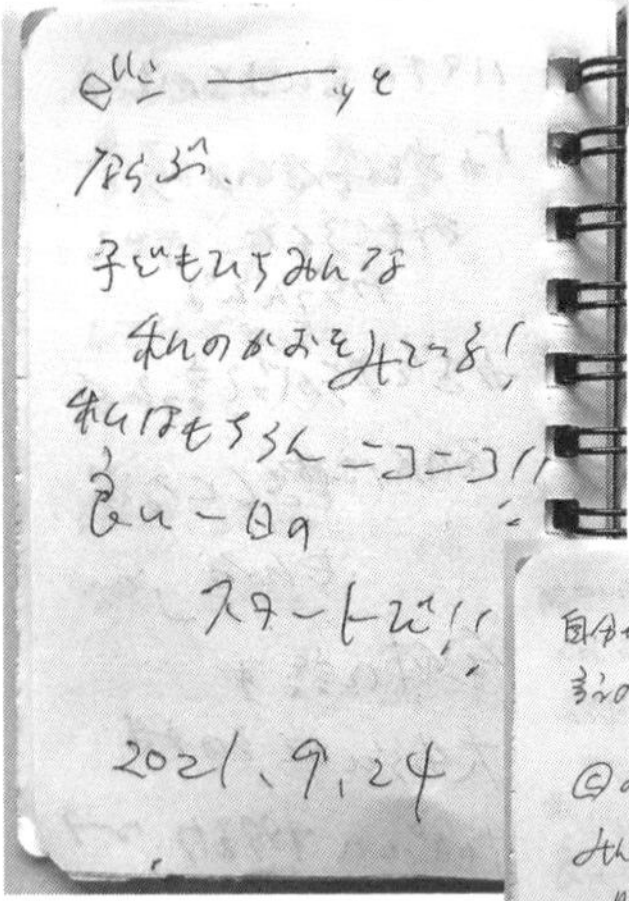

こういった〈何気ない一瞬〉を切り取って保存できるのもアナログメモのよさでしょうね。

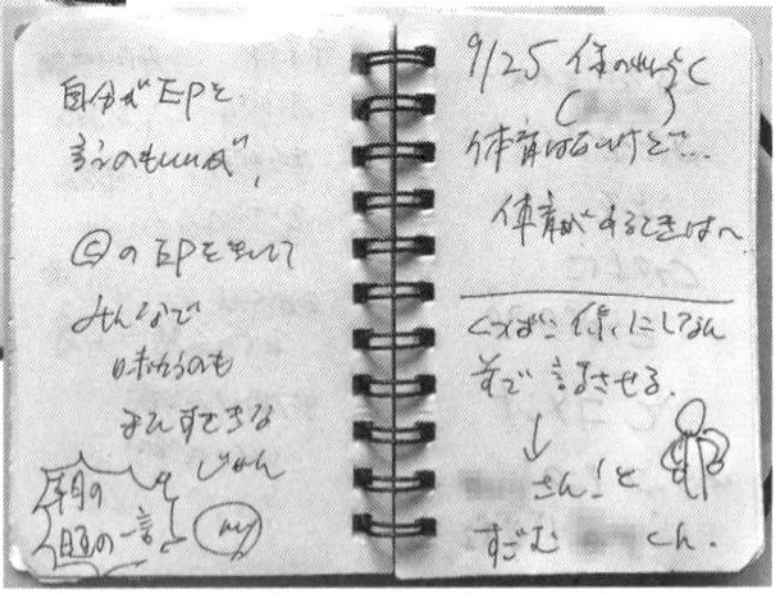

子どものエピソードを聞くのも本当に素敵な時間になります。

左のメモも１年生の様子を書いたものなのですが、「対話」が生まれた瞬間です。靴箱係の子にMさんが問いかけて、係の子が「せいかいです!!!」と答えている。担任しか立ち会えない貴重な瞬間なのです。そこをメモ！

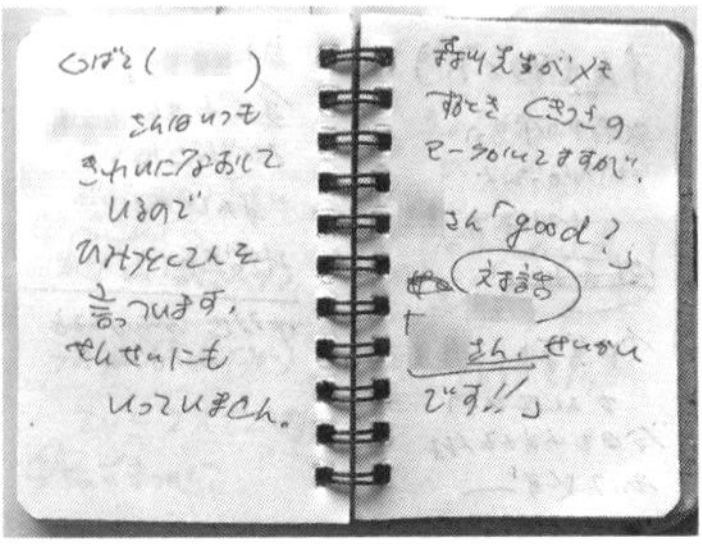

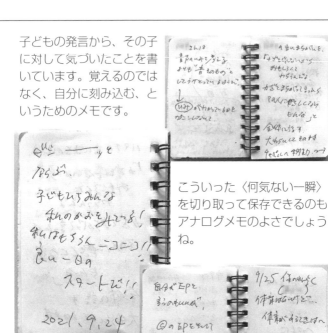

アナログメモの「メモしている感」

アナログメモには、アナログならではのもう1つの効果があります。それは、「メモしている感」が出ること。「先生がメモしている」ということを子どもたちに明確に伝えることができるのです。子どもたちは自分の話したことが先生にメモされると喜びます。低学年の子などは、自分が言ったことを「先生、メモしたら！」と言ってきます。かわいいものです。ですから、その気持ちを盛り上げてあげたいです。そこで、**先生がメモしているところを子どもたちに見せて、よりやる気を出してもらう**のです。それにはやっぱり、スマホを打っている姿よりも、メモ帳を開いて書いている姿の方が効果があります。

2 子どもメモ「デジタル」

リマインダー機能に子どもメモ

この何年かのデジタル版の「子どもメモ」をいくつかあげてみましょう。

①（発表したくて）爆発しそう。（N）
②（作文を4枚以上書いたTさんが手の側面を見せながら）太陽にあてたら光る！
③A「人生で一番すごい授業でした」

（スマホのリマインダー機能内、【子どもの名言】フォルダより）

いずれも担任していた2年生の子の呟きです。

①は、授業中に手をあげながらＮさんが呟いたもの。授業が終わって休み時間になってすぐに、覚えているうちに打ち込みました。

②は、Ｔさんが作文用紙を置きに来てその場で呟いたもの。作文が提出されていく間に打ち込みました。

③は、授業が終わったときに呟いたので、そのまま休み時間に打ち込みました。

子どもの発言を継続してメモし、活用する

呟きではありませんが、「子どもの発言」もメモします。

例えば私のクラスでは、日直は朝一番の挨拶をするときに、「何か一言」言ってから「おはようございます」と言います。そのときのデジタルメモが以下です。同じく２年生で、リマインダー機能にある【２Ｃ一言　朝】というフォルダに打ち込んだものです。

Ｏ　今日は太陽がまぶしいですね。
Ｋ　今日はスポーツ大会があるのでがんばりましょう。
Ａ　今日は仲良し遠足が楽しみですね。

Ｏ　今日は太陽がまぶしくていい天気ですね。
Ｋ　今日は雨がいっぱい降っていますね。
Ｍ　今日はスポーツ大会なので勝ち負けを気にせずがんばりましょう。

この後に「おはようございます」が続きます。

メモは子どもが一言を言い終わるときにすぐに打ち込んでいます。

さて、この最後のMさんです。ちょっと面白いですよね。「今日はスポーツ大会なのでがんばりましょう」ではなく、「勝ち負けを気にせず」という言葉を入れています。明らかに一歩進んだ物言いをしているわけです。これも、毎日メモ（記録）をとっているから発言の〈違い〉にすぐに気づくことができます。

アナログメモのよさは、すぐにフォルダ分けして、同じ観点のものを瞬時にまとめることができることです。今回の場合は、「2C一言　朝」というフォルダを見れば、「あ、発言が違う」と気づくことができます。そして次のように指導に生かします。

教師「1週間、みんなは朝の言葉を上手に話していますね。でね、先生毎日みんなの一言を打ち込んでいるでしょ。それを読んでいて気がついたことがあるんです。何だと思い

ますか？」

２年生の子どもたちは口々に話します。

子どもたち「声が大きい？」「うまくしゃべっている？」……

あまり間を置かずに、

教師「実は昨日のMさんの一言だけみんなと違っていたの。ちょっと今週のみんなの言葉を読んでみるね」

ここで、メモの出番です。一気に「一言」を読み上げることができるわけですね。一覧になっていますから。

教師「Oさん～、Kさん～、……Mさん～」

渦中のMさんを読むときは、「勝ち負けを気にせず」をちょっと強調して読みます。

以上のように**継続メモをうまく活用して、子どもたちの中に新しい〈コード〉を入れます。**今回は、「一言追加して自分の思ったことなどを入れる」というコードを入れている。通り一遍の一言に少し変化をもたらそうぜ！　というわけです。

ちなみに「朝の一言」もあれば、「夕方の一言」もあり、帰りの挨拶のときにも「一言」言っていました。それも私は打ち込んでいました。

子どもメモ 「子どもの考え」を授業の素材に 3

「出会いの感想文」

国語の授業づくりに直結する話です。「出会いの感想文」とは、物語文や説明文の学習の最初に、教師の範読後に子どもたちに書かせる感想文のこと。感想文といってもただ感想を書かせるのではありません。子どもたちには書くべき観点を与え、これまで習った読み取りのポイントを振り返りながら書かせます。

「出会いの感想文」という名前は、初めての物語文や説明文との出会いを大切に、全身で、人と出会うように作品と出会ってほしいから。そんな思いで子どもたちにまずは自分で考え、自分の力で作品と出会わせ、それを文章に書きとめさせているのです。

そしてこの「出会いの感想文」は、子どもにこれから始まる新しい学びの〈構え〉をつくらせるとともに、教師自身のその後の授業展開に大きく役立ってくれるものとなるのです。ちなみに単元の最後には、「まとめの感想文」を書かせてそのときの単元での学びを振り返らせます。

※「出会いの感想文」「まとめの感想文」及びその授業展開につきましては、『熱中授業をつくる！　子どもの思考をゆさぶる授業づくりの技術』（学陽書房）をご覧ください。

「出会いの感想文」からメモをして授業をつくる

「出会いの感想文」を子どもたちに書かせた後は、子どもたちの感想文を授業の「素材」として大いに活用していきます。そのために「メモ」。子どもたちの作品を見ながら〈赤〉を入れ、評価をしていくのですが、そのときに「メモ」をとっていきます。

子どもたちの作品の全てに目を通しながら評価し、その上で授業の素材となる部分をメモしていくというのはとても時間がかかる作業です。根気もいります。しかし、それだけ力を入れるに値します。その後の授業に大いに役立ってくれる**【クラスの子どもたちの作品に対する生の情報】**が手に入るのです。

教師の授業プラン

＋

「出会いの感想文から得た〈子どもの認識〉」

↓

自分のクラスに合った【生きた】授業プラン

このような授業展開が生まれるのです。

それでは実際のメモを見ながら進めていきたいと思います。

４年生「ごんぎつね」の出会いメモ①

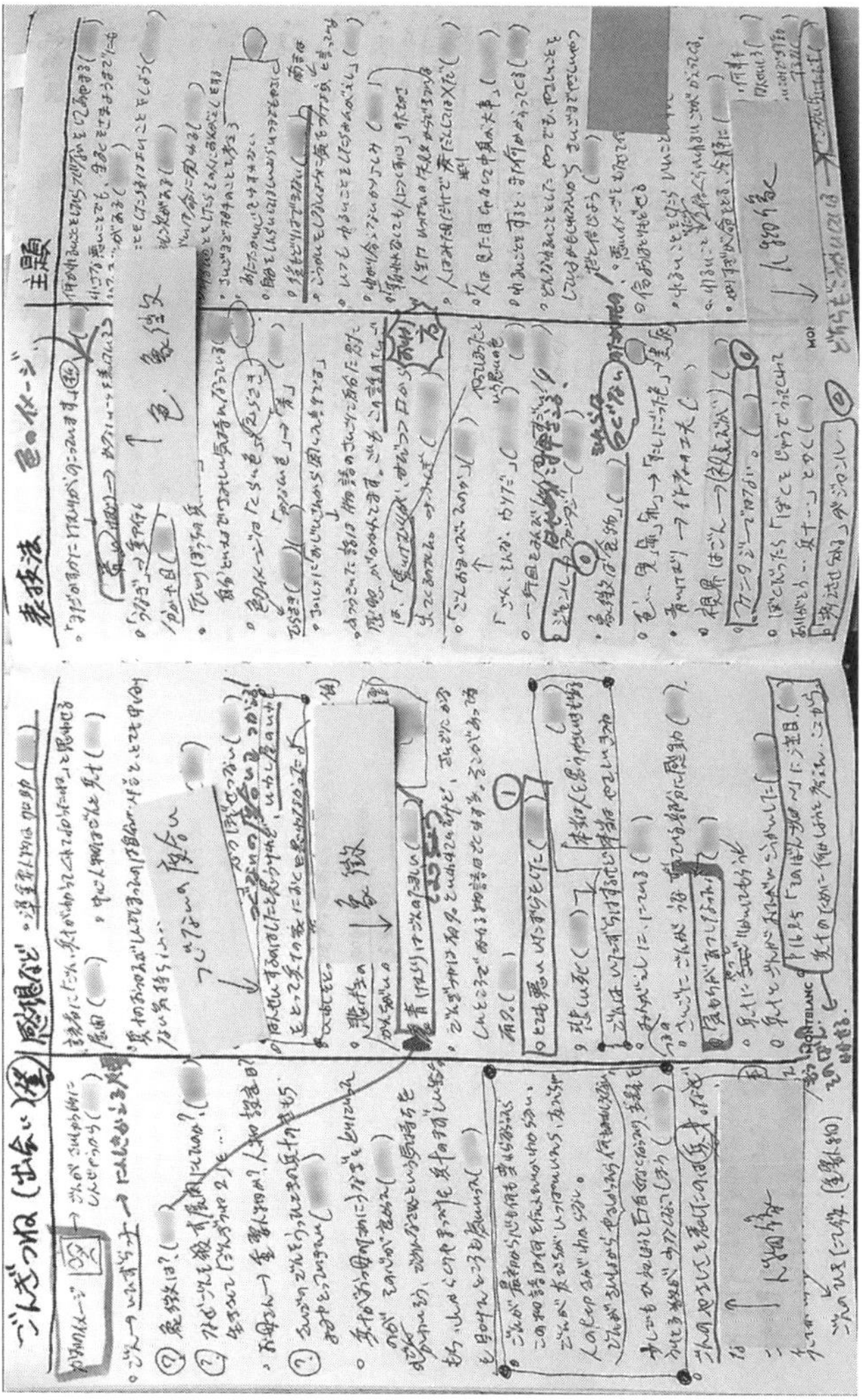

４年生「ごんぎつね」の出会いメモ②

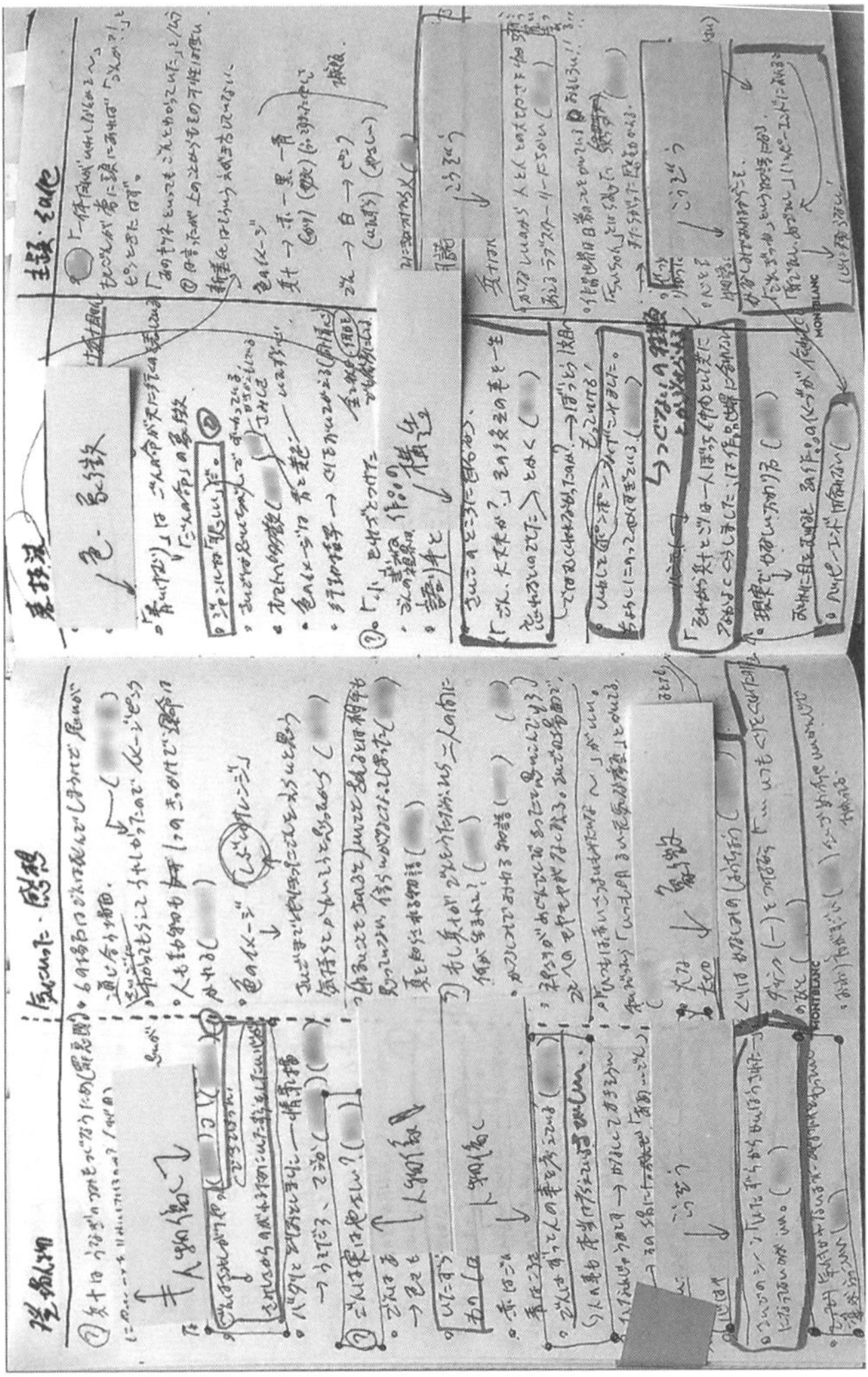

先の写真は4年生「ごんぎつね」（光村図書4年下）の単元の際に森川が書いた実際の「出会いの感想文メモ」です。

赤色のペンで書いているので全体が赤色です。なぜかというと、子どもたちの「出会いの感想文」を見ながら書いており、子どもの感想文に赤ペンで線を引いたり、コメントを書いたり、最終的には「評価」を入れたりしています。それを30人分やっているので、ペンを持ち換えていたら時間がいくらあってもたりないのです。

つまり、「メモ」はどんどんどんどん書いていく。それでも30人分の感想文に〈赤〉を入れながらのメモは随分と時間がかかりますし、根気がいります。

しかし、メモをしているときはワクワクするのです。だって、これから学びが始まる物語文や説明文を子どもたちがどう捉えているのか、どう感じているのか、どのぐらい理解しているのか、といったことが「出会いの感想文」をメモしながら次々と見えてくるから。

それが全員分手に入る！

これが興奮する作業なのです！

取り出した「観点」について

このときメモした観点を以下にあげてみます。

①登場人物
②感想・気に入った　など
③表現技法
④主題・その他

これらの観点はすなわち、「出会いの感想文」の観点であって、子どもたちはこれらの観点をもとに「出会いの感想文」を書いているのです。出会いの感想文の観点はこれらを軸として作品に合わせて教師が変更したり、つけたしたりします。

物語文「ごんぎつね」の学習に際し、先の４観点のクラスにおけるリアル情報（一次情報）を手に入れていくのです。少し実際のメモを見てみましょう。

「　」内は子どもの文章メモ、↓の後は森川のそれに対する「覚え書き」です。その後の※以降は解説です。

①登場人物

メモ「ごん、いたずらっ子」↓認識変える必要

※この子は登場人物であり、主人公の小ぎつね「ごん」を、「いたずらっ子」、すなわち子どものきつね、と思っているわけですね。そう思っている子は他にもいるはずです。文章中には「小ぎつね」とあります。ごんは小さな大人のきつねと考えられるので、この認識を授業内で変えていく必要があります。こういう子どもの認識も、「出会いの感想文」を書かせ、そこからメモをとることで授業に生かすことができるのです。

メモ「ごんのやさしさを表したのは兵十」

メモ「なぜごんを殺す展開にしたのか？」

メモ「ごんはずっと人のことを考えている」

メモ「ごんはさみしがりや。さみしさからのがれるためにいたずらをしたい心が……」

※このようにごんの人物像や、その後に扱いたいことなど私の琴線に触れる記述をどんどんメモしていきました。そして後に授業の素材とするものを太いマーカーで囲んでいきます。

②感想・気に入った　など

メモ「はんせいするのはしたと思うけれど、いわし屋のいわしをとって兵十の家におくとは思わなかった」→つぐないの度合い　つかえる！

※森川のメモに、「つぐないの度合い　つかえる！」とあります。このときは、授業プランとして、物語の中のごんの行った「つぐない」を1つずつ整理するという活動がありました。「つぐない」を箇条書きで書き出して整理し、その「質」の違いを検討するプランです。そのプランが頭にあるので、子どもから「つぐない」についての記述が出てきたときに反応できます。

メモ「とても悪いいたずらをした」

※実際のノートでは、このメモに太く囲みがしてあり、①という数字が見えます（出会いメモ①）。これも、授業プランとして「ごんはかなりひどいいたずらをしているということを押さえる」ということがあるのです。子どもの気づきの中からそれが出てきたらラッキーで、その子の発言を取り上げる形で授業に出せます。「きたきたきた」というつぶやきとともに、メモしている自分がいます。笑

メモ「Ｐ16Ｌ5　『そのばん、ごんは』に注目（子どもの名前）」→もう1つのそのばん、書かせる。

※これも授業プランに沿うから、という理由でのメモです。物語の中、２の場面に、「そのばん、ごんは、あなの中で考えました」という記述があります。「あなの中で考えた」という記述はここだけしかないのですが、このときは授業で、〈5の場面の最後に「そのばん、ごんは、あなの中で考えました」を差し込み、続くように書きなさい〉というプランをもっていました。ですから、子どもの記述の中に「そのばん～」に注目している子がいたらそれをメモしておきたいわけです。

さて、このような感じで、③**表現技法**、④**主題・その他**についても「教師の授業プラン」に活用できる子どもの記述、教師の発想を超えてくる面白い記述などをどんどんメモしていきます。

この作業こそが、「教材研究」であり、「授業研究」になっています。自身の授業力を上げてくれます。

そして、冒頭で述べた通り、「自分のクラスに合った**【生きた】**授業プラン」が誕生するのです。

授業のテーマや活動を子どもたちに提示するときに、「実はこのことについてすでに〈出会いの感想文〉で書いている子がいるんだよ」と言ったときのクラスが色めき立つ反応、名前を伝えたときの興奮は、授業が子どもたちのものになった、と感じる最高の瞬間ですよ。

第5章

授業メモのとり方と活用

1 「授業記録」こそ、授業の腕を上げる近道

歯磨きをするようにコツコツコツコツ授業記録

コツコツコツコツ「授業記録」を書く生活が続いています。

駆け出しの頃から数年間は大学ノートに。

次はポメラに。

そして今は主流がiPadに。

媒体は自分に合ったものにすればよいですが、とにかく自分の授業を毎日コツコツと振り返って文字にしていく作業は確実に授業力を上げるよき修行となっていると実感します。

言わずもがな、授業記録を書いている（打っている）ときはその日の授業を振り返っています。子どもにかけた言葉を後悔し、逆にこの一言で授業が盛り上がったなあ、と実感

し記録しておく。そして子どもから出てきた言葉を思い出し、どうしてその言葉が導き出されたのか、そこに至る過程を振り返ります。

これら一連の行為は、授業に向き合う時間に加算されます。

思うような授業はなかなかできませんが、少しでも自分の理想とする授業に現実を近づけたいなら、**「授業をしている時間」以外の【授業と向き合う時間】を少しでも増やすこと**です。「授業記録」は、まさしく授業に向き合っている時間。毎日書けば、「授業をする時間以外の授業に向き合う時間」が毎日確保されます。だから、授業に対する〈感度〉が上がっていくのです。

ちなみに、授業記録は誰かに見せるために書くものではありません。自分に刻み込むために書くものです。これも、書いているときが「気づく」とき。書いているときが重要なのです。ですから、SNSなどで授業記録をきれいにまとめて公開している人がいますが（それを否定するつもりはありませんが）、「見せるための記録」になっていないか注意する必要がありますし、きれいにまとめるのにかける時間を、少しでも授業の発問を考え、教材を読み込む時間にあてたり、子どもの作品を読む時間にあてたりしたいものです。授業の腕を上げることに結びついていればよいですね。

授業記録はまるで「歯磨きをする」かのごとく日常生活の中に組み込んでしまいたい行為です。書いていないと気持ちが悪い、そんな感じになれば最高です。

授業記録は「いつ」書くか

私は次のシーンで授業メモ（記録）を書いています。

①専科授業で自分の授業がないとき

これが一番〈鮮度〉が保てます。でも、こういうときって、「丸つけ」したいですよねえ 笑。でももし「よい授業ができた！」とか、「この発問効いた！」といったことを実感したのなら、そこをグッと我慢して記録を書くようにしています。

私は「記録＞丸つけ」なのです。

書くときは授業で使っている私物のiPadの「メモ」に日付を入れて打ち込んでいきます。もしくは長文ならポメラ（デジタルメモ）でキーボードをカタカタ、です。

②子どもたちが帰った放課後の教室で

ポイントは「教室で」というところ。職員室に戻ってしまったら、そこにどんな誘惑や仕事が待ち受けているかわかりません笑。机上に置いてくれていたもみじ饅頭がおいしくて、旅行の話になってしまうかもしれません。それも楽しいですが、今大切なのは授業記録を書くことです。少しでも鮮度がよいうちに。そのためには、戻ってしまわずに教室で書く。教室でも、丸つけをしたり、模造紙にクラス目標を貼ったりする仕事が待っています。しかし、私は先に「メモ（記録）」を書きます。

実際の授業を通して得られた知見、そこからくる気づきほど尊いものはありません。全力で固定しにいくべきです。

あと、これはオマケですが、授業記録を教室で書く際のコツの1つは、「立ったまま書く」です。書いてしまう、という感覚がより強く保てます。

③帰りの車の中で

私は車通勤をしています。授業の合間や放課後に書けなかったときや、書いていたけれどもう一度ゆっくりと1日を振り返って書きたいとき、音声でスマートフォンの「メモ」

に書き込んでいきます。音声なので再現しきれない場合があります。そのときは車を降りてから少し打ち直したり、そのままにしていたり……。

④帰りのサービスエリアや喫茶店で

車内で音声で録音するのではなく、もう少し突っ込んだことを書きたい場合や、資料や写真を参照して書きたい場合、写真に書き込むなどの記録をとりたい場合は〈寄り道〉します。(もちろん家で書く、という選択肢はあるのですが、その場合はここには含めていません)

授業記録は時間をおいてしまうと書けないのです。だから私は仕事からプライベートにリセットされる前の時間で書いてしまいます。

私は車を利用するので、サービスエリアはよく利用するのですが、〈書きもの〉をするにも適している場所といえます。フードコートは広いしたくさん机があります。軽食をとれるし、お茶も飲めます。車を使う人は、家に帰る前に記録を書いてしまう場所としておすすめです。そして喫茶店も仕事モードのまま書いてしまうことができる場所です。

とにかく授業記録はその日に書かなければもう書けません。「書かざるを得ない」というシチュエーションに自分を置くような工夫をすることが大切です。**授業記録は、それだけの力を注ぐ価値がある、我々教師にとっての最高の教師修業**であると実感しています。

授業記録は「何を」書くか

これは目的や時間によって変わりますが、あげてみると……。

①授業の流れを書く
②発問・反応を書く
③児童・生徒の発言、やりとりを書く
④反省を書く
⑤よかった点を書く
⑥改善案、次への策を書く

書きぶりで大切なのは、**【書く行為が〈心に刻み込む〉ことになっているか】**ということと、**【未来の自分が読んでわかるか、再現性があるか】**ということです。

授業記録は「どのように」書くか

次に「どのように」です。

①時系列で書く

基本的にはこのスタイルで書いていますが、いつも全ての時間割を再現して書いておく必要はありません。1日の時系列の中で、2時間目の「国語」と4時間目の「学活」、そして帰りの時間の子どもとのやりとりが印象的だったから書いておく、というような感じです。私は国語を中心教科としていますから記録のメインは国語になります。

②印象に残ったことだけを書く

これは時間がないときに用います。最低限これだけ書いておけばよい、と気も楽になるのでこの設定も大事です。日によってはどうしてもつかれていたり、時間がとれなかったりすることがあります。そんなときにここだけは、と記録をとるのです。

③板書写真に書き込む

この方法はとても有効です。デジタル機器が身近に使えるようになった今だからこそ、手軽に臨場感のある記録を残しておけるようになりました。

授業が終了したらすぐにiPadで板書の写真を撮り、その写真にいろいろと授業の様子や気づいたことを書き込んでいきます。板書の文字のところに書き込むことができるので思い出しやすく、再現性が高いです。

④立ったまま書く

放課後、子どもたちを帰してすぐ、教室前の教卓のところで立ったまま書いてしまう、というもの。

かのヘミングウェイは、胸の高さまである本棚の上にタイプライターを置き、立ったまま原稿を書いたといいます。

読書もメモも、原稿執筆もそうですが、立ったまま書くと集中力が違います。いつもではないですが、情報を必ず残したくて、今書ききってしまおう、というときにはこの「立ったまま書く」というのがおすすめです。

2 実物「教室開き授業記録」と解説

教室開き授業記録　2020年6月1日　2年生

実際の授業記録を見ていきましょう。2020年の記録で2年生の担任。
世界的に新型コロナウイルス感染症が蔓延し、未曾有の全国的な学校閉鎖。勤務校では学校の対面授業再開までZoomで授業を行いました。そしてようやく6月1日、学校再開。その1日目の記録です。随時記録にコメントを入れながら進めてみます。

2020年6月1日　月曜日　授業記録
分散登校1日目。
マスクをし、その上からフェイスシールドをしての授業。

これはやはりきつかった。

フェイスシールドがくもって子どもたちの顔もよく見えない。さらに子どもたちはマスクをしているので子どもたちの表情もとてもわかりにくい。

未曾有の出来事であることに違いない。

しかしこういうときこそ自分の力量を上げることができる。


今読み返しても緊張感がよみがえってきます。やはりすごいことだったんだな、と。しかし、その中でも自分の決意というか、意志をしっかりと書いておくことが大切だと思います。いいですね。何だかドキドキしてきました。


子どもたちは2年生ということもあってやはりまだ緊張している。

それもそのはず。私とは接してはいたが、Ｚｏｏｍでのやりとりだけであったので、実質今日初めて出会ったことになる。

さらに森川はマスクをし、フェイスシールドもしている。本来このような最初の出会いは考えられない。

表情が使えないというのはやはりきつい。

今でこそ日常でマスク着用が普通になってしまいましたが、やはり最初は表情を封じられたことは教師にとって大きな痛手でしたね。だからこそ、余計に「表情」は豊かに。マスク越しにオーラが伝わるぐらいの笑顔で接したい、と思って今に至ります。

今日の1時間目の学活では「時間が大切」ということを表すために、ホワイトボードに横帯をかき、それを12個に分ける過程で作業を止め、子どもたちに何をかいているかを問う。

ここでも当事者意識をもたせるために、その都度問いかけていく。

どんどん子どもたちは間違えるがそれでよい。

それをねらっているのだ。

わざとどんどん間違わせ、こうやってどんどん間違っていくことが勉強になる、ということを説明する。こうして勉強のスタンスを教えていくのだ。

国語や算数の時間に発表させたいので、こうした何気ない場面でどんどん間違う、しかしその間違いが恥じにつながらないという経験をさせる。

12個に切れ目を入れて、子どもたちに問う。

「数を数えてごらん」

次に最初に4という文字を入れる。「それがヒントです」と話す。

すると「時間?」と言う子も出てくる。「惜しい」と答える。

そしてついに、「月」と出る。「月って何?」と話す子もいる。子どもたちには4月始まりという意識が少ない子も多い。

3まで文字を入れ4月5月……と順に言わせる。

4月から3月までを表しているということが子どもたちに入った段階で、「先生これからこの中に×を入れたいんです」と言う。

するとと反応する子が出てくる。

4月に×が入る。「先生はもう1つ×を入れたいんです」と問う。

子どもたちに問い、4月、5月に×がついた時点で、これで先生が何が言いたいかわかりますか?　と、問う。

そして板書。

「○○が大事」。子どもたちには、以前動画でも話をしているので、ここに「時間」と入れる。「ああ!」と子どもたち。

時間が大事ということを教えたい1コマであった。


読んでいて、心底授業記録を書いておいてよかったと実感します。授業記録は単なる授業で行ったことの「記録」ではなく、子どもたちとの思い出そのものであり、私自身の教師として生きてきた証でもあります。そしてそれらは、今の自分の背中を押してくれます。奇しくもこれを書いている今担任しているのは、このとき2年生だった子たち。その子たちが今4年生になって私の教室にいるのです。これも全て運命のように感じます。


ここからは午後の翼組（クラスを2つに分けているためそれぞれに名前をつけていた）にあったことである。空組には明日行う。

それは反応速度を上げるという練習。これも教師が意識して練習しておかなければなかなか身につくことではない。

今回やったのはとても簡単なこと。

森川がホワイトボードマーカーの赤や青を提示し、子どもたちが「赤色です」とか「青色です」というふうに反応していくものである。

そして慣れてくると子どもたちは出したらすぐに反応し声を出すようになった。

コロナもあり子どもたちの様子はどちらかというと受け身がちである。おとなしいのはいいが、いまいち元気がたりない感じがする。

そのためこうした反応ゲームのようなものをやっていく。

黒青赤の3色のマーカーをいっぺんに出してみた。当然子どもたちはすぐには答えられない。そこで3色ですという言い方を教える。

次に面白いシーンが出てきた。

子どもたちに青色と赤色のマーカーを提示した。

子どもたちからはどのような反応が返ってきたであろうか。想像していただきたい。おそらく、「赤色と青色です」とか「赤と青です」といった反応が返ってくると想像されたと思う。

しかしなんと、1人の子が言った答えは、「紫色です」であった。

すかさず私が聞いたのは、「なぜ○○ちゃんは紫色ですと言ったのでしょうか?」であった。

4~5名が手をあげる。

その子は青色と赤色をたすと紫色になるからそのような答え方をしたのだ。

これが教育の面白いところ、教室の面白いところ、子どもの面白いところである。

これにはまいった。私も予想だにしていなかった。

こうしたアイデアは、自分だけの発想を重んじたいので、とてもすばらしいことであるとほめる。

このやりとりは前半の空組はやっていないので明日行おうと思う。


面白い瞬間が記録されていました。後半の記述の仕方が読者に問いかけるように書かれているのに自分で笑ってしまいましたが。こうして記録することで、自分の中に明確に落ちます。次の日に同じような反応が出るか、出なかったらそのようにもっていこう、と予定を立てることもできます。やはり記録することが大いに自分にとってプラスに働いていると実感します。

今回の授業記録は子どもたちとスタートしたその日のことを書いたもので、教科の記録はありません。時系列というより、印象に残ったやりとりについて書いているものです。

このような面白い「やりとり記録」は教師の意識を整えます。

教師として子どもたちとふれあっていることを記録に書くことは子どもを見つめることになります。

このような「やりとり」を記録することで、次にまた面白い子どもの発言や考え方に出会ったときに、〈より素早い動き・リアクション〉がとれるようになるのです。

それは、このような記録であったり、その子を瞬時にほめることであったり、子どもの行為をすぐに全体の場に返すことであったりするわけです。

「メモをとる」という行為が自分の意識を高めてくれる。そしてアクションをとることができるようになる。

プラスのスパイラル、ですね。

実物「1日丸ごと授業記録」と解説

3

前項と同じ2年生のクラスの約1か月後の授業記録です。今回は朝から時系列でほぼ全時間、1日丸ごと書いているものです。

1日丸ごと授業記録　2020年6月25日　2年生

2020年6月25日　授業記録

今日は朝のチャペル（全校朝礼の話）の担当だった。プラスの言葉マイナスの言葉の話。今クラスで行っているプラスの言葉の貯金の写真を出しながら話す。

スライド作成は半分昨日までに終えていたが、完成させたのは今朝の6時。ギリギリの完成だが、いろいろな仕事をやっていく上でこのような展開もある。それも

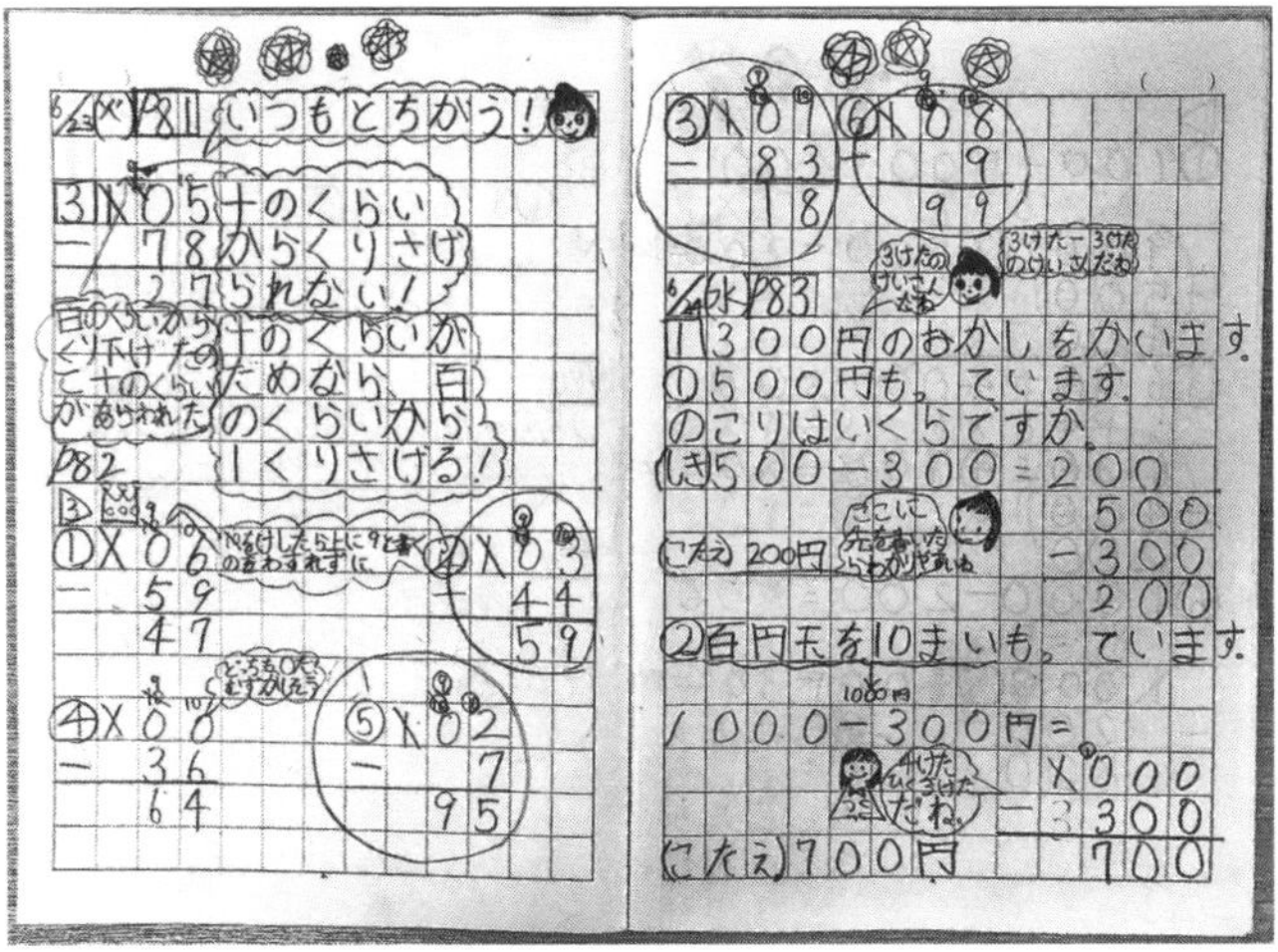

1つのやり方である。

【1時間目：算数】

朝の話でテンションが上がっているのでそのままガガーッと進める。

子どもたちにメモの文化が根づいている。早く書き終わった後は自分でどんどんメモを書いていく。授業が終わった後に、ノートを見せに来る子が続出している。森川も「後で写真撮らせてね」と声をかける。そうやって子どもたちのやる気を促しつつ、早く終わった子とまだ書いている子の作業のタイムラグの隙間を埋めていくのだ。

今日は3桁引く1桁のひっ算や、間違いを探す勉強。まとめのページを今日の宿題とした。

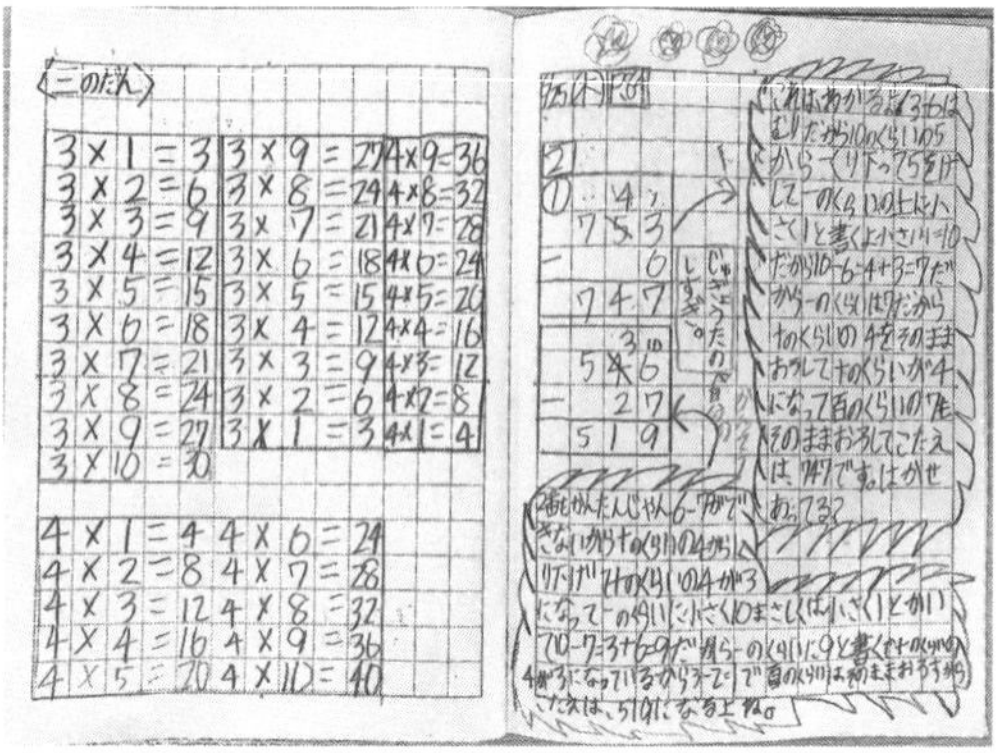

【2時間目：英語&国語】

（私の担当しない）英語の時間にこれを打っている。

さらに1時間目に回収した算数のノートの撮影。

さらに子どもたちが自由帳に描いてほしいと頼んできた絵を描く。ドラえもん、ルパン3世、スヌーピー、オリジナルキャラクター……の4体。ああ忙しい。

次から次へと考えるより先に動いていくイメージで時間が進んでいく。これも仕事だ。

国語は今はせずに、クラスミーティングを行う。今日の連絡。

土曜日に1年生の教室にアサガオの種のプレゼントをもっていくので、そのときの予行練習。

Aくんがクラスを笑わせてくれる。爆笑で終了。

フリータイム（長めの休み時間）は初めての係からのイベント。MくんとTくんで行う折り紙教室。

【3時間目：音楽】

子どもたちを音楽室に送っていったら、森川先生に聞いてほしいという讃美歌を聞く。「ふしぎな風がびゅうっとふけば……」という歌詞を振りをつけながら歌う子どもたちを見ていたら涙が出てきた。この頃なんか涙もろい。

気恥ずかしい感じですが　笑。この記録も今読み返すと、そのときの情景がよみがえってきます。先生ってよい仕事だなあ、と……。今回の記録は1日を結構細かく時系列で書いていますね。少し余裕があるときはこうしてそのときの感情なども書きながら進めると思い出として後からよみがえってきます。

「期待しといて」と言って歌い出すNさん。歌い終わったときに、体全身で喜びを表す。教師としての醍醐味がここにある。素敵な気分である。

帰ってきた子どもたち、リズムに乗せて声をかけてくる。音楽の授業でやったらしい。

「森川先生　パンパン　面白い！」

ありがとう！　最高の称号です　笑。

させる。

【4時間目：学活】

係活動。係を決めてから初めての学活。イベントをしたい係もあるのでこの時間に考えさせる。

【5・6時間目：国語　VTRあり】※

今日はようやくガチの国語。スイミーの「場面」の学習。

ちょうど教科書の見開きを1場面とし、5時間目、6時間目の2時間で、2つの場面を扱った。

1の場面。今回行った授業の流れは、子どもたちにこの場面に題名（タイトル）をつけさせるもの。「この場面を表すのにこれだ！　というタイトルは何ですか？」というふうに聞いた。

ここで、よくなかったのかもしれないが、食いつきがよかったので、いきなり発表からどんどん始めてしまった。どんどん発表させ、板書していくが、発表する子がどんどん増えていき、結局たくさんの数のタイトルを板書することになる。Nくんなどノートに情熱を燃やしている子は、「先生待って」と言いながら必死に全部書こうとしている。しかし

これでは「聞く」ということに力を入れることができない。

ここは、私がまずノートに全員書きなさい、とした後に、順番に発表させていくという手がよかったのかもしれない。

授業メモ（記録）をとるのは様々な「記録」という意味はもちろんあるのですが、ただ行ったことをそのまま書いていくだけではなく、「気づき」を書いておくことが大切です。その際、「うまくいったこと」を書いておき、再度使うことができるのはもちろん、「うまくいかなかったこと」も書いておくと、その〈時〉が自分にとって大きな肥やしとなっていると実感します。**【ちいさな濁り】を書きとめ続けるという投資、これが授業力の向上という大きなリターンを運んでくる**のです。

また、記録中の※ですが、私は授業をよく映像で記録し、授業メモ（記録）の中にそれを示しておき、「映像で残っているよ」ということを自分に知らせています。

この後は、全て板書し、「全員1人1回、自分の気に入ったタイトルに手をあげる」という方法をとった。

1回目は29人で1人たりず。数が合わない。以前もこんなことがあり、何回も何回もやりなおした。時間はかかるがこの時期は仲間意識、全員参加意識を子どもたちにももたせるためにあえて数にこだわる、必要なことだ。

今回もまた嫌な予感がするが、2回目、人数を聞く。結局また1人たりない。どうしようと思っていると、Mくんが「先生、僕（手を）あげるの忘れた」と言ってきた。困っている雰囲気を読んで申し出たのか、本当に忘れていたのかは定かではないが、もしかしたらわかっていて手をあげず、そういった心が出てしまったのかもしれない。いずれにせよこれで30人揃ったわけで、ほっとした。

この記録の部分、生々しいですよね。切実感があるというか。クラスの子たち一人ひとりのタレント性を知っているのは担任の先生、もしくは担当の先生です。こうした細かく子どもの心の動きを推察したり、考えたりしたことをメモしておきます。それでその子に対してアンテナが立ちます。**メモをしながら意識し続けることが、無意識にその子に対してそのときに最良と思われる手立てを講じる自分を育む**のだと思います。

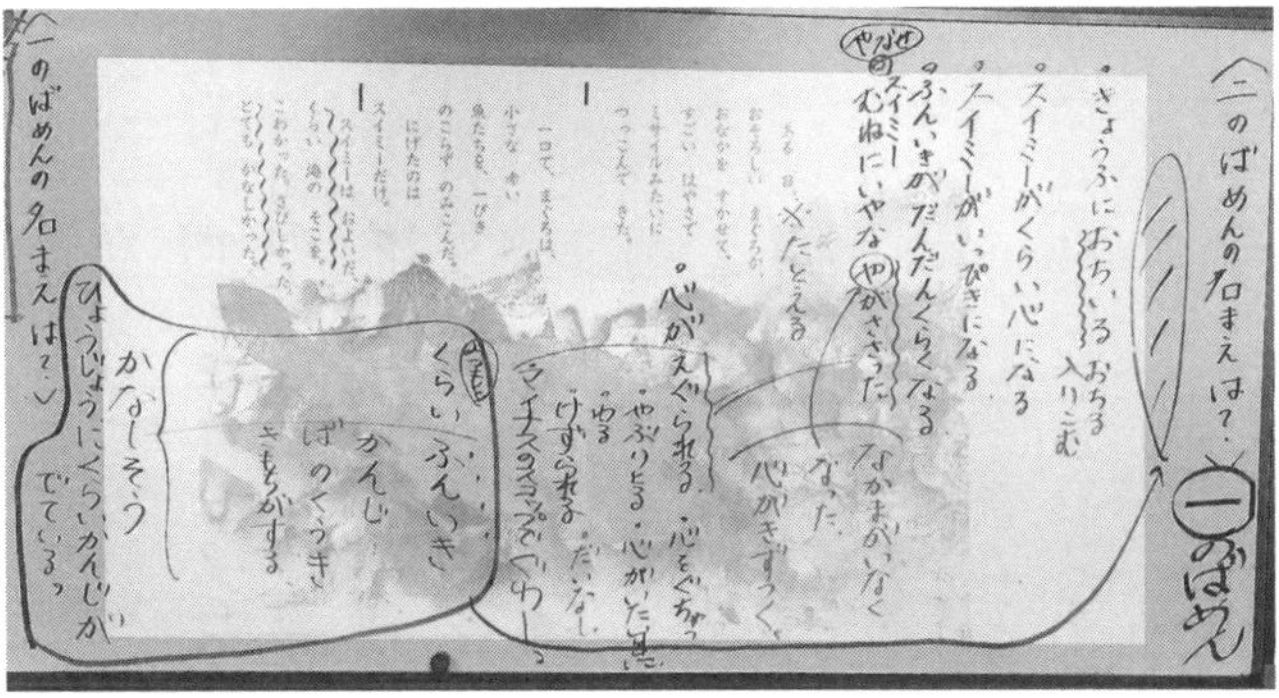

自分が選んだものと、人数が多かった2つのタイトルをノートに書かせることを指示。

しかし、このときのノートは子どもによって書いている量が定かではない。全部書いた子もいれば、途中まで書いた子もいる。自分の意見と＋α2つを書いている子もいる。しかしちょっとともやっとしてしまったので反省である。

2の場面。これはマグロが赤い魚たちを1匹残らず飲み込んだ場面である。1の場面のときもそうだったが、最初に音読させ、その後、タイトルをつけるようにしている。

この2の場面に関しては、「プラスの場面ですかマイナスの場面ですか？」ということも最初に問いかけた。子どもたち「マイナスの場面です」とすぐに発見する。

今回の2の場面ではNくんに読ませた。案の定Nくんは、マグロに食べられて落ち込むスイミーを静かに暗く朗読した。これまでの読み取りを目的とした朗読の指導が生きている。

余談だが、ここで音読をさせる子どもを闇雲にあててはいけない。ここはもともと、それなりに朗読してくれる子をあてなければならない場面である。

この後のタイトルをつけるときに参考となる読み手を指名しなければならないわけだ。偶然性に依拠してよい場面ではない。

何気なくあてているようで、実は意図があってあてているというのがプロの仕事である。


自分の考えていること、心に決めて行っていることもメモします。記録は誰に見せるものでもありません。自分の中にしっかりと固定しておきたいこと、意識してできたこともきちんと記録しておきたいのです。


なぜNくんは暗く読んだのか、小さく読んだのかをクラス全員に問いかける。仲間の魚が食べられたことや、スイミーが悲しんでいることを発表する子どもたち。

2の場面にタイトルをつける。今度は自分のノートに意見を書かせる。そして今回も意見を発表させ、話をさせた。

素敵な意見がたくさん並ぶ。子どもたち、もしかしたらタイトルをつけるという活動はもう慣れているのかもしれない。あまり不自然な活動にはならなかった。これはこれまでの蓄積があるのかもしれない。

しかしそれよりも今回面白かったのは、言葉の言い回しである。表現である。

Tさんが「暗い雰囲気」という言葉を呟いた。改めて立たせて話をさせる。２の場面は暗い雰囲気がすると言う。これは貴重な言葉である。そこで雰囲気を、「ふ・ん・い・き」と書くことを教え、板書。どんな意味だと思いますかと子どもたちに想像させる。

「感じ」とか、「場の空気」（Wくん）、「気持ちがする」となかなか絶妙な答えが返ってくる。Wくんはなかなかに言葉が鋭い。「表情で暗い感じが出ている」という鋭い意見も出た。

２年生の子たちなりに、言葉に対する感性は鋭いのだ。

Yさんが、「スイミーの胸に嫌な矢が刺さった場面」と発言した。これは比喩表現であるので、ここは取り上げなければならない。そこで、「スイミーには矢なんて刺さってないよね。なんで矢が刺さった、って言っているのかな？」と投げかける。

すると「仲間がいなくなったこと」や、「心が傷ついたこと」と発言する子が出た。すぐに板書。そして「矢が刺さった」というのは「例える」と言うんだよ、と教える。

この、「矢が刺さった」の件で、意味を聞いているときに、Nさんが「心がえぐられる」と言った。

ポンポンと面白い表現が出てくる。国語の真骨頂である。（まぁそのおかげでなかなか単元が進まないのだけれども　苦笑）

これも子どもたちにこの言葉のイメージを聞いてみる。

やぶりとる、割る、けずられる、心が痛い目にあう、マイナスのスコップでぐわ～（Kさん）

面白い表現が並ぶ。

新しい言葉をどんどん学んでいく子どもたち。

板書はこれから先もどんどん十字架型（文を板書した中に同じような言葉が出てきたら横に並べて書いているので十字架と呼んでいる）になるだろう。

今の時刻18時17分。そろそろ帰宅しようと思う。

これぞ、国語の醍醐味、教師の醍醐味、という瞬間です。
子どもたちと「言葉」を介してせめぎ合っている。
子どもたちと物語作品が、「言葉」を介してせめぎ合っている。
教室が、授業で一体となっている。
子どもたちが、知的な空間になっている。
子どもたちが、「考える集団」になっている。
子どもたちが、「勉強って楽しい」と実感している。

これらのことを実感できることこそが、私たちが教師としての幸せを享受するということなのではないでしょうか。

今、このメモ（記録）を読み返していて、改めてこの瞬間、このぞくぞくする瞬間があるからこそ、今もまだ教師を続けていられる、そう思うのです。

実物「板書授業記録」と解説 4

iPadで写真を撮り、そのまま書き込む「授業記録」

授業の情報量が多いときにおすすめなのが、板書を撮影し、そのままその板書や周辺に記録をどんどん書いていく方法です。

132ページの実際の板書授業記録を見ながら解説していきます。

1枚目の写真は素材そのままの板書写真です。板書写真を撮る場合、画角的に写真の上下に教室前面の壁が入り込みますよね。そこを利用して記録を書いていきます。

2枚目の写真は、記録を書き込んだものです。いつもビッシリ書き込んでいきます。

写真はiPadで撮って、そのままApple Pencilで書き込んでいきます。私はイラストを描いたり、授業記録を写真に書き込んだりすることが多いのでiPadは一番大きなサイズだったもの（iPad Pro 15.6）を今も使っています。

板書授業記録の便利なところは、後で見返したときに、授業の様子（板書）と、授業内容（メモ）が同時に情報として自分に飛び込んでくるところ。板書優先で情報を残したいときは板書にメモを書き込むのが便利です。

書き込みはできるだけ〈熱々〉のうちに

板書授業記録は、板書を生かす記録の仕方なので、できるだけそのときの授業の〈温度〉が残っているうちに書いていきます。授業後が専科の授業であいているときはそのまま書きますが、あいていても子どものつきそいや、生活指導対応などがありますよね。そんなときはとにかく放課後、子どもを帰したらイソイソと書きます。

余談ですが、このように放課後は「授業」についての時間をしっかりととりたいものですよね。だから、「会議」はできるだけ少なくした方がよいと思うし、実際に世間では会議は少なくなってきていると思います。私の公立小学校勤務の終盤は、職員朝礼も週に１回という感じになってきていました。教育者が勤務する環境は、「授業」を中心に組まれるべきだと思います。

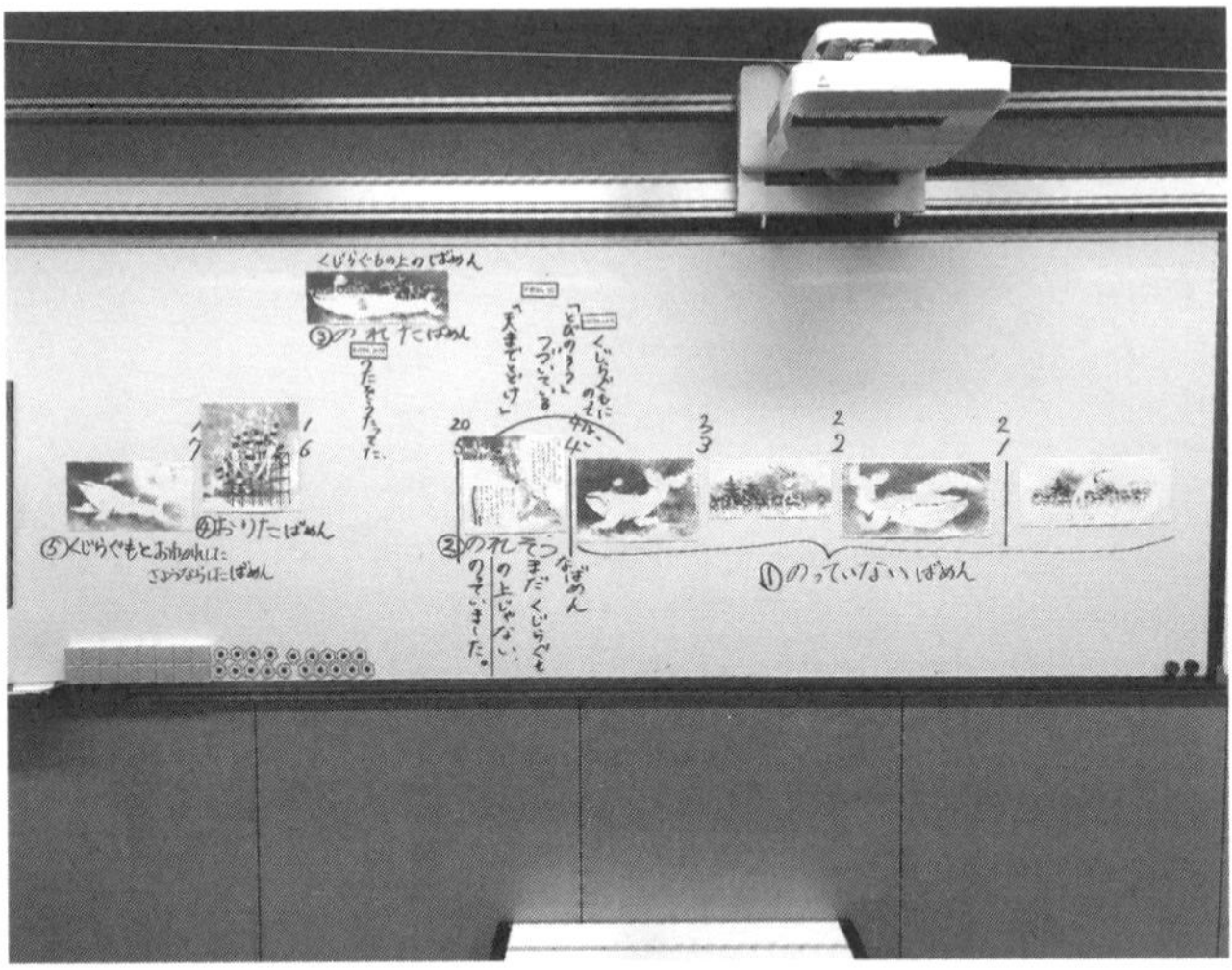
くじらぐもの上のばめん
③のれたばめん
うたをうたってた。
「天までとどけ」
「とびのろう」
くじらぐもにのってない
②のれそうなばめん
まだくじらぐもの上じゃない
のってきました。
④おりたばめん
⑤くじらぐもとおわかれした
さようならしたばめん
①のっていないばめん

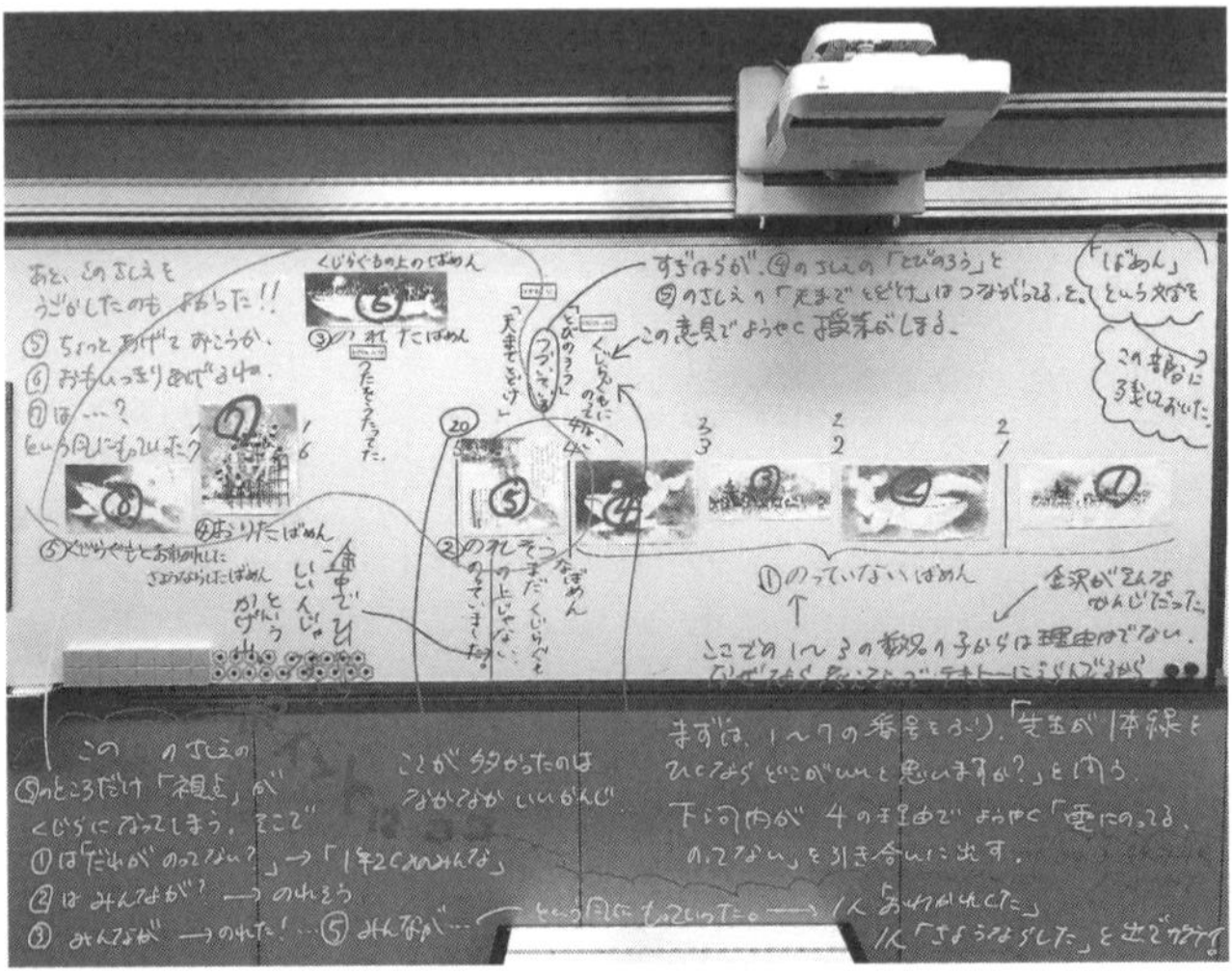
くじらぐもの上のばめん
①のっていないばめん
②のれそうなばめん
③のれたばめん
④おりたばめん
⑤くじらぐもとおわかれした
さようならしたばめん
「ばめん」という文字を
まずは、1～7の番号をふり、

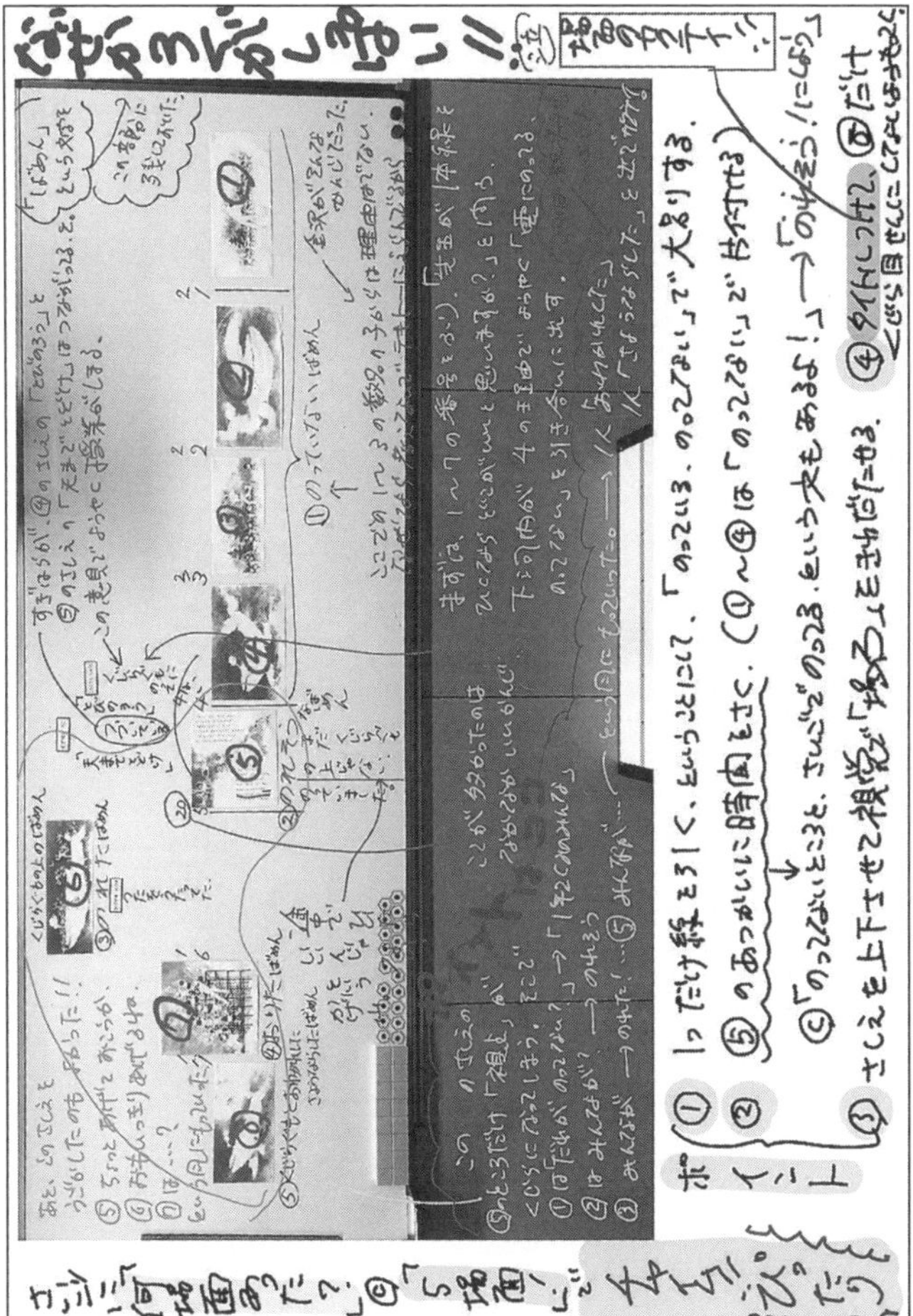

ひと手間施すことも

これで完成のときも多いのですが、さらに「まとめ」を施すことがあります。それが、最終的な完成版である、133ページの大きな写真です。これは、一度写真に直接書き込んだ後、さらに後から見たときにわかりやすくまとめなおしたいところがあったので、GoodNotesに記録の入った板書写真を貼って、周囲に「まとめ」をつけたしました。

左端に、

【さいごに「何場面あった?」Ⓒ「5場面!」でチャイム‼ ぴったり】

と書いてあります。この授業の目的が「場面の認識」であったので、我が意を得たり!とばかりにここに書いたのですね。笑

スムーズに進んだ授業の記録の場合、テンションも上がります。そして何よりこのように臨場感のある書き方をしておくと、後から思い出しやすいのです。

記録内容について

この記録のときの授業は1年生「くじらぐも」(光村図書)です。扱った内容は先述し

ましたが、教科書に使われている挿絵を使って「場面」について認識していく授業でした。挿絵はうまく使えば、視覚的な提示物ですので、子どもたちの思考の助けになります。少し内容について見ていきましょう。写真と行き来しながら読んでください。

まず左上の記述からです。ここには、私（教師）が使用した「挿絵」を操作したときのことを書いています。挿絵番号⑤⑥⑦に関して、あらかじめ私が挿絵の高さを変えて提示しておくのではなく、子どもたちに問う形で挿絵の高さを変えていったことがうかがえます。

⑤ちょっと上げておこうか

⑥おもいっきりあげるね

⑦は……？

とメモ書きしています。

次に反対の右端を見てみます。そこには、

【なぜかろくがしっぱい‼（泣）】

と書いてあります　笑。これは、授業記録を映像でしようとして失敗したのですね。余談ですが、どうして「これぞ！」という授業に限ってうまく録画されていないのでしょう。

このときの授業、録画しようとしていたのですが、後で確認して録れていないことが判明。よっぽど悔しかったのでしょう。一番目立つ、太く、赤い字で右端にドカンと書いてあります。笑

次は下部です。

ここは最後にまとめなおしている部分です。写真に一通り書き込んだ上で、最後に大事なポイントをまとめて書いています。

①1つだけ線を引く、ということにして、「のっている、のってない」で大別する

これは、1年生の子どもたちに、「この（挿絵群の）中で、1か所だけ線を引くなら、どこで分けますか?」というふうに問い、まずは「雲に乗っている」か「雲に乗っていない」かで大別させようとしたことを表しています。

②⑤のあつかいに時間をさく（①～④は「のってない」で片付ける）

挿絵①～④は明らかに「雲に乗っていない」ということで「場所」の観点で子どもたちに一まとまりを実感させることができます。しかし、⑤の挿絵のところはまさに乗ろうと

しているところで、お話の中でも大きな動きのある、面白い場面です。なので、そこに時間をかけた、というメモですね。結局、「乗れそうな場面」ということで、子どもたちと固定しました。なお、このメモには続きがあって、

Ⓒ「のってないところと、さいごでのってる、という文もあるよ！」→「のれそう！にしよう」

場面の名前を決めていくときの子どもとのやりとりですね。1年生ですが、きちんと文章を根拠に発言しているのが立派ですね。

③さしえを上下させて視覚で「場面」をきわだたせる

写真の中の挿絵をよくご覧いただくとわかるのですが、高さを場面に合わせて統一しています。

①～④まで：「乗っていない」場面
⑤　：「乗れそうな」場面
⑥　：「乗れた」場面
⑦　：「おりた」場面

⑧　…「（くじらぐもと）おわかれした」場面

これらの場面に合わせて挿絵が上下しています。視覚的に提示するのは全員がわかるためにとても有効ですね。

④タイトルつけて、⑧だけくじら目せんにしないようにもってく

場面を確定したときのことを書いています。この場面は挿絵だけを見てしまうと、くじらを主語に場面の名称を決めてしまいかねません。そこで、「子どもたち目線」になるように意識して進めたことを書いているわけです。この部分の詳しい記述が、写真の中の左下のところに書き込まれています。取り出してみます。

この⑧のさしえの⑤のところだけ（⑤というのは5の場面のこと）「視点」がくじらになってしまう。そこで、

①は「だれがのってない？」↓「1年2くみのみんな」

②はみんなが？↓のれそう

③みんなが↓のれた！……

⑤みんなが……
という風にもっていった。

このように書いているわけですね。
このメモのおかげで、どのように進めていったのかがよくわかります。次に同じように1年生を担任したときに参考にできます。

本項では「板書授業記録」についてご紹介しました。板書に直接メモをしていく（記録をしていく）のは、実際の写真があるので、思い出しやすく、一番即効性があるかもしれません。iPadを使っている先生方には授業記録として一番実践的といえます。授業の経験を確実に次に生かしていくためにも、板書をうまく活用して授業記録をとってみてください。

5 実物「イラスト授業記録」と解説

イラスト授業記録　2021年　1年生

さて、ガラッと趣向を変えて、こんな記録もしています、というものを。1年生にはビジュアルや動作で伝えることが多いわけです。それに、初めて学校生活を送る1年生からは様々なサプライズやギフトがきます。笑

そこで、私はイラストが好きなのでイラストで記録をとりつつ、それを子どもたちに伝えることにも使おうと考えました。半分記録、半分子どもたちや保護者の方へのメッセージ、という感じです。

次のページから実際のイラスト記録を掲載します。

イラスト授業記録①

メッセージも込めて、楽しんで描いています。

イラスト授業記録②

気づきや指導法、呟きなど、その都度メッセージ的なイラストに。

1ページ目、イラスト授業記録①から解説します。

まずAですが、授業後の【教室の様子】を表しています。1年生の子どもたちは何でも先生に見せたいもの。ましてや、私（担任の先生）が「そのノートちょっと写真撮らせてね」と言うととっても喜びます。そのようにして、どんどんノートに対する興味をわかせ、一生懸命書いたら先生がほめてくれる、喜んでくれる、という土壌でノート指導をしていくわけです。そのときの現象がこのイラスト授業記録。子どもたちはこぞってノートを見せに来ます。私はその全てをiPadで写真に撮っていきます。そしてイラストでメモしたのです。

次にBとCです。これらはどちらも「自分の頭でなかなか考えようとしない子どもたちの様子」を見ていて描いたもの。同時にこのイラスト授業記録は、子どもたちに発信するために描いています。「自分で考えようね」という【メッセージ】を繰り返し1年生の子たちに語り続けるわけです。このイラストは連絡帳として発行していたプリントにも掲載していたと思います。保護者の方にもそのまま伝えたのでした。

Dです。これは私の【失敗談】。授業変更を忘れており、英語の先生が到着されて気づいたのでした。慌てて子どもたちに「切り替えて〜」とお願いし、子どもたちは必死に授業の用意を入れ替えて、協力してくれたのでした。こういうことがないように記録したということと、そのままそれを「頼もしい子どもたち」ということで、保護者の方にお伝えするねらいがありました。

Eです。これはクラスで取り組み始めた【システムの記録】ですね。私も初めて行ったので〈効果〉のあるなしを記録しておきます。そして今回もこれをそのまま「クラスの様子」として「学級だより」や「連絡帳」で発信します。1年生の保護者の方は我が子がどんな環境で毎日生活しているのか気になるものです。そこで、こうした何気ない1コマを〝楽しく〟お届けする。イラスト授業記録は、そんな一役も買ってくれるわけです。

さて、イラスト授業記録②にいきましょう。

Fです。これは子どもたちとの【何気ないやりとり】を記録したもの。私は休み時間によく子どもたちにイラストを描いてあげるのですが、1年生の子どもたちに依頼されるアニメや様々なグッズのキャラクター名が知らないものばかり！　少し前なら、アニメの有名キャラクターを描けばわかってくれて喜んでくれていたのですが、「？」という反応も増えてきました。〈余談ですが、『オバケのQ太郎』が通じない世代になりました。上手に

描けるのに。泣)

次にG。これは、【教室の様子】と【メッセージ】の2つの目的ですね。朝、提出されていた宿題の2種類の「ひらがなプリント」がどちらもきれいに向きが揃っていたのです。これは何気ないことですが、「向きや角を揃えて出す」というのは大切な生活の基本です。こうしてできていたときは取り上げるのがベストです。私は【教室の様子】としての記録に加えて、「これからもこういうふうにするのだよ」という【メッセージ】の意図もあって描き、子どもたちに伝えました。

Hです。これは1年生を担任しての【実感・気づき】を描いています。1年生、または低学年を担任していると、「オーバージェスチャー」が増えるのです。正確にいうと、より多用した方が子どもたちに〈刺さる〉。そのことを実感したので面白おかしく描いています。教室での私のアクションの中で、「ガニ股」が多くなっているなあ、とふと感じたのです（なんだそりゃ）。それは何かを伝えるとき「上下の動き」が多くなるからなのですね。こういうことは現場にいるからこそわかる、教室の、教師の【リアル】なので描いておかなければならないなあ、と思うのです。

Iです。これは【指導法】のイラスト記録です。子どもたちに「ひらがな」を教えているときの話です。文字の中に丸い部分が入っているとき、その部分の書き方は「まん丸」ではないわけですね。そんなとき、あの微妙な鉛筆の返しによる丸の部分をどう教えるか。そこで、「どらやき」という教室コトバ（※）を使って教えたわけです。そのときの記録です。

Ｊです。これは、放課後【何気なく】描いていました。算数も国語も丁寧に文字を書いているなあ、と思いながら描いていました。

さて、「イラスト授業記録」を見てきました。イラストで描く記録というのは、私にとっては1つの息抜き、気分転換になっていると思います。イラストは上手に描く必要はありません。棒人間を多用したってよいのです。こうした自分に合った記録媒体で書く（描く）ことも教師生活を楽しむコツですし、その描いたものを通信や連絡帳に使えるならば、一石二鳥です。

※「教室コトバ」は『秒で刺さって子どもが動く！「教室コトバ」のつくり方』（東洋館出版社）をご覧ください

イラスト授業記録の二次利用

【1A　れんらく&イラストメッセージ　4月21日(すい)】

【しゅくだい】

①「ひらがなぷりんと」2まい。「つ」「や」のうら

【れんらく】

②今日は1：算数2：合同体育で50メートルのタイムを計りました！3：聖書4：英語&生活(学校探検)5：国語「つ」「や」

③子どもたちの宿題への応援、ありがとうございます。「×やチェックのはいった文字」はやりなおしてです。次の日にその日の宿題と同時に出すよう言っています。「やりなおし箱」を用意しています。

④本日子どもから「家に帰ってからは習い事で忙しいので、宿題を学校でやってもいいですか」という質問がありました。宿題は家庭で机に向かう習慣をつける意味もありますので、基本的にお家でやる、ということにしています。まずは学校のお勉強が大事、ということを再度お子様にお家でもお話しください。

⑤毎日、にっこりマーク(☺)や素敵な言葉が出てきます。少してもそれらをスルーしないようにしたいと思っています。

明日はいよいよ「算数ボックス」をつかいます！

イラスト授業記録がよいのは、それを印刷して配布する形の連絡帳や、学級だよりに二次利用できることです。

先に掲載した「イラスト授業記録」は、文字をたしてプリントとして配布する連絡帳の左半分に添付して保護者に配っていました。

上の写真は先に掲載した[E]のイラスト授業記録を連絡帳に掲載して配布したときのものです。このときは1年生で、「れんらく&イラストメッセージ」と題して配っていますね。

それでは次ページ以降、いくつか連絡帳にイラスト授業記録を利用した「＋αな連絡帳」を掲載していきたいと思います。

イラスト授業記録を活用し作成した1年生の「＋αな連絡帳」

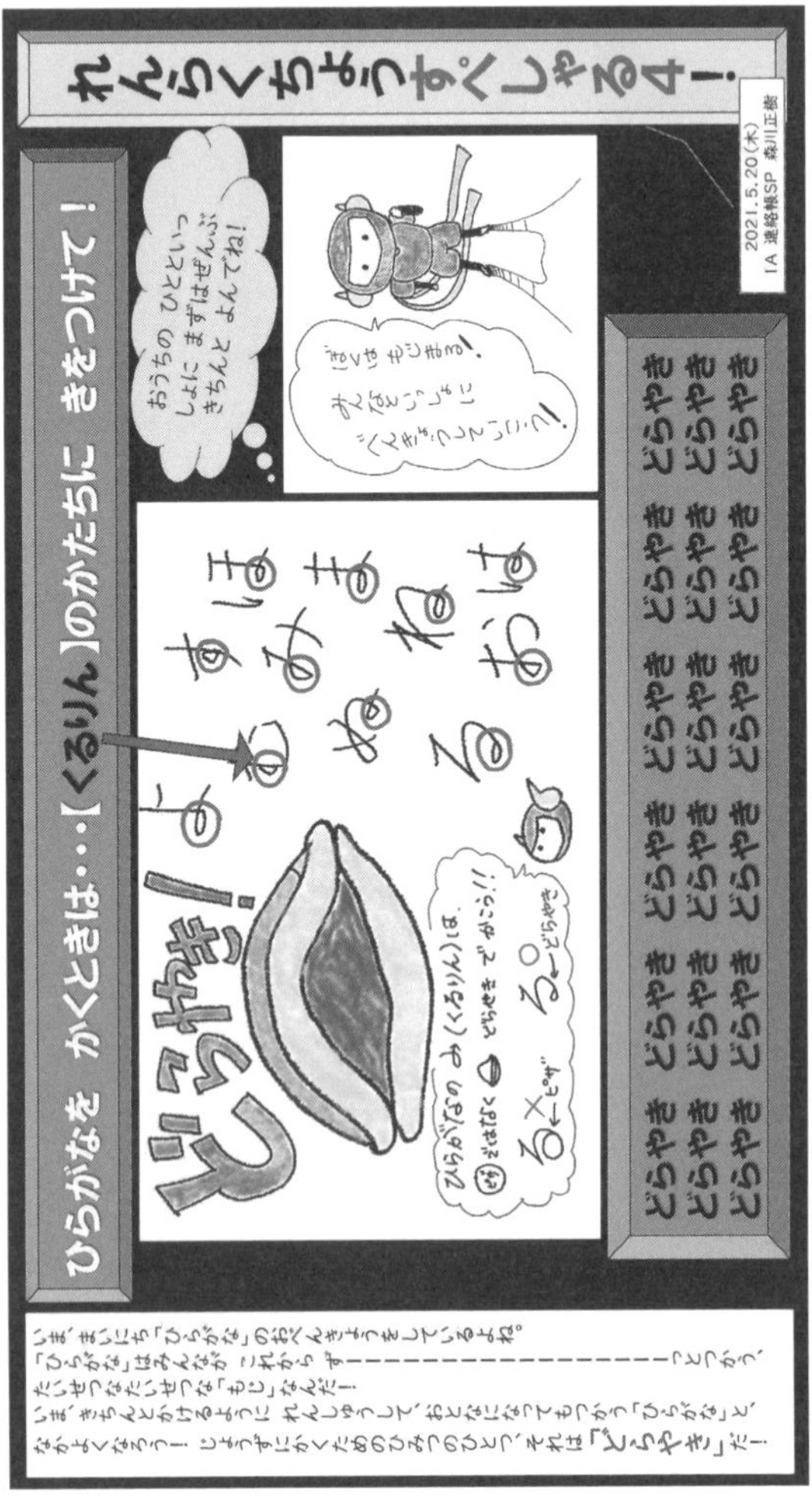

【1A　れんらく　5がつ13にち(もく)】

【しゅくだい】

①「ひらがなぷりんと」2まい(うらとやっていないところ)

②『『さんすうのちから』の14と15

(こたえあわせも　してもらおう)

【れんらく】

☆「10は1と9!」「10は2と8!」の発声(10の分解)を、お風呂やお家での時間の中で一緒にお願いします!(授業で何度も楽しくやっていますが、まだまだ言うのがあやしい子がたくさんいます!)「トイレで言う!」とはりきっている子もいますので、声をかけてあげてください!

☆いよいよ今日から6時間授業も始まりました!子どもたち全力で頑張っています!私はゴリゴリきたえています。笑　明日は5時間です!

☆お弁当はお子様の食べきれる分量でお願いいたします。

☆「ひらがなプリント」や「さんすうの力」など、

丁寧にやってくる子がすごく増えました!「good」マークや森川ハンコが2こなどを評価として、子どもに返しています!おうちでもほめてあげてください!(もりかわ)

【おまけのエピソード】

■昨日は、朝のチャペルでのお話を森川が担当しました。「一つの絵を見てもお友達によっていろいろな見え方がある。お友達も一つの部分だけではなく、いろいろないいところがあるから見つけていこう」といった内容(ざっくり説明)だったのですが、朝子どもたちが「頑張ってください!」とか声をかけてくれて、チャペルでもニッコニコ。子どもたちの力を借りて気持ち良く話すことができました。

■それから、今日からいよいよ「日直」システムスタート!授業までの挨拶を担当してもらいます。初日は[redacted]さん。良い声で立派にいえていました!子どもたちは「いやん!緊張する!」とか、「先生はチャペルで話して緊張しないの?」という声も。「全然!(ホントはちょこっと緊張している)」というと、「え~!!」と驚いていました。可愛らしい子たちです。

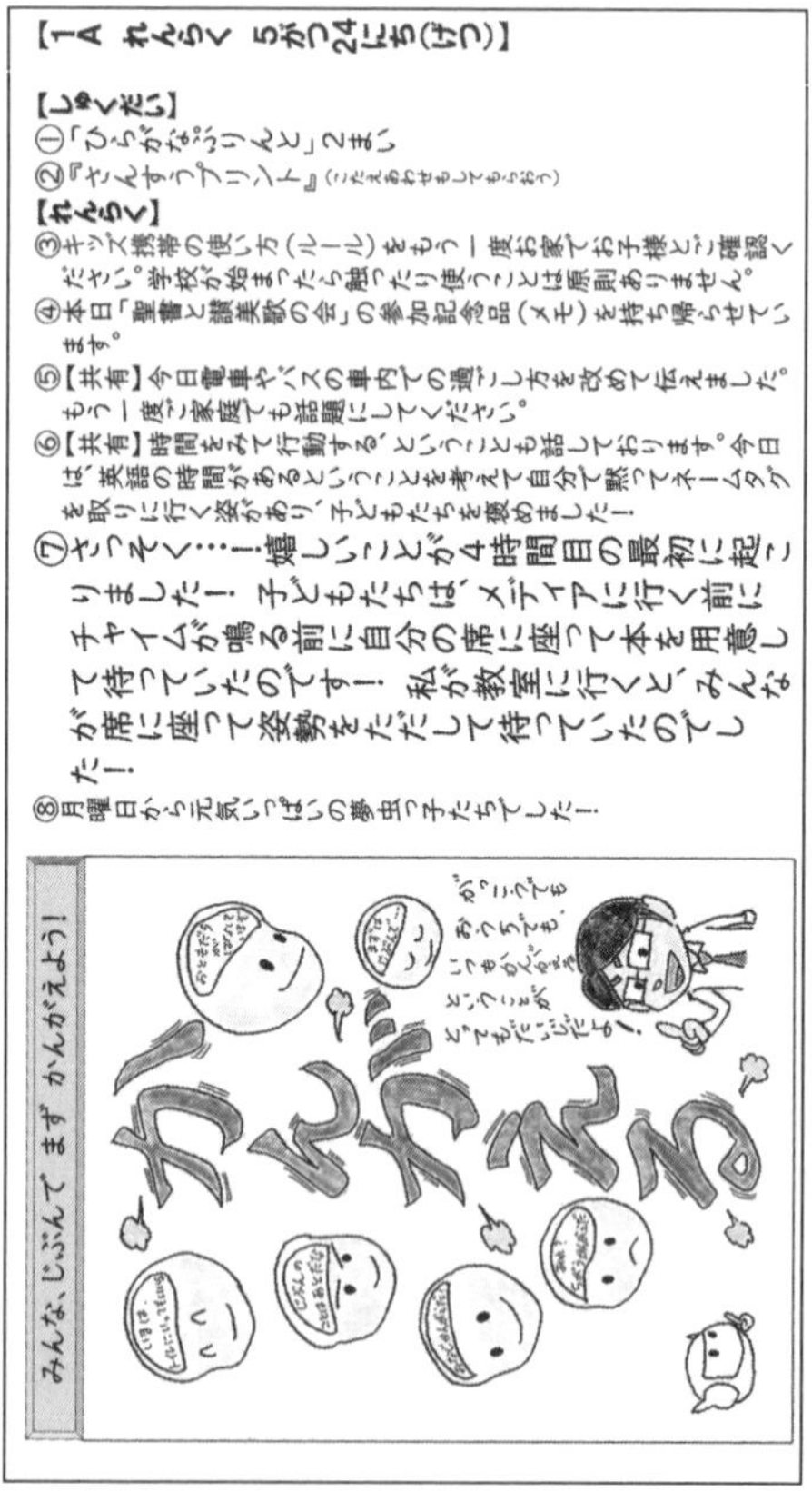

【1A れんらく 5がつ24にち(げつ)】

【しゅくだい】
①「ひらがなぷりんと」2まい
②『さんすうプリント』(こたえあわせもしてもらおう)
【れんらく】
③キッズ携帯の使い方(ルール)をもう一度お家でお子様とご確認ください。学校が始まったら触ったり使うことは原則ありません。
④本日「聖書と讃美歌の会」の参加記念品(メモ)を持ち帰らせています。
⑤【共有】今日電車やバスの車内での過ごし方を改めて伝えました。もう一度ご家庭でも話題にしてください。
⑥【共有】時間をみて行動する、ということも話しております。今日は、英語の時間があるということを考えて自分で黙ってネームタグを取りに行く姿があり、子どもたちを褒めました!
⑦さっそく……!嬉しいことが4時間目の最初に起こりました!子どもたちは、メディアに行く前にチャイムが鳴る前に自分の席に座って本を用意して待っていたのです!私が教室に行くと、みんなが席に座って姿勢をただして待っていたのでした!
⑧月曜日から元気いっぱいの夢中っ子たちでした!

ここまでの写真は1年生に配布した「＋αな連絡帳」です。
連絡帳は子どもたちに書かせるときと、私がつくって配布するときがあります。これらは Microsoft PowerPoint で作成し、印刷して配布しました。イラストは iPad のメモ機能に描き、写真として保存して Microsoft PowerPoint に貼りつけました。1年生なので、イラストが入ることで紙面がやわらかくなり、子どもたちも保護者も読みやすくなります。

第6章

アイデアメモのとり方と活用

1 アイデアは2秒で消える

アイデアは最高に価値のあるもの

アイデアメモは授業についてのアイデアだけを書くわけではありません。私の場合はありとあらゆることをメモしておきます。この「アイデア」こそ、無形ですが最高に価値のあるものだと思います。

我々教師はアイデア勝負。目の前の子どもたちにとってどのような伝え方がよいのか、お勉強に配慮がいる子たちにどう示したら顔が上がるのか、日々難しい課題に向き合っています。そんなとき、アイデアに関して自分がどのようなスタンスでいるかは、とても重要になってきます。

アイデアは2秒で消えます。是が非でもとらえなくてはなりません。

アイデアに対する自分の環境は

さて、アイデアに対する自分の環境はどうかを考えてみてください。観点は次の2点です。

A　アイデアを瞬間保存できる環境にあるか

B　アイデアが生まれやすい環境にあるか

Aです。アイデアは急に浮かびます。まずはそのときにどのような環境か、です。物理的な環境づくりとしては「そこに書くものと媒体があるか」です。やはりペンとメモ帳がそこにあること、メモ帳は常に携帯していることが大切です。逆にいえば、メモ帳があるから、書こうと思うことが浮かんでくる、ともいえます。

そして自分に**書き癖**がついていること。メモを書いて、書いて、書きまくっていると、アイデアが浮かんだときにもはや無意識で書いている自分がいます。書けなければ、ハラハラします。アイデアをすぐに保管するためにも、日頃からメモし続けることは価値のあることといえます。

次にBです。もう1つ大事なのは、「アイデアが生まれやすい環境にある」ということ。よいアイデアは偶然に降ってくるわけではないと私は思います。実はよいアイデアは、それまでの様々なインプット、アウトプット、意識などが結びついて生まれてきています。ですから、様々なことをメモしている、ということそのものがアイデアを生むことに対するアドバンテージです。

そしてやはりそこにはペンとメモ帳があること。その環境が「メモしたくなるようなアイデア」を生むのです。私はよく散歩でもポケットにメモ帳を入れていくことがあります。もしくはスマホがあれば音声でメモできます。メモと常に隣り合わせにいること、やはりこれが大切だと実感します。

アイデアが生まれる瞬間《とき》

次にこのB関連の話ですが、「アイデアが生まれやすい場所」について。

私自身のアイデアが生まれやすい場所やシチュエーションは第1章で示した次のシーンです。

①散歩中
②本屋の中・本屋を出た後
③美術館・博物館・記念館で作品鑑賞中
④旅行中
⑤研究授業中
⑥映画・舞台鑑賞中
⑦友人や家族と話しているとき
⑧志ある人と話しているとき
⑨説明を受けているとき
⑩読書中
⑪授業中
⑫寝るとき

こうしたシチュエーションに身を置く、そして**身を置いている、ということを意識していること**、それが大切だと思います。

2 アイデアを確実につかまえる

アイデアメモの「最大の秘訣」とは

アイデアメモの最大の秘訣は「メモの仕方」ではありません。

【アイデアこそ財産であるという意識】と、【アイデアを風化させないシステム】づくりです。順に見ていきます。

①アイデアこそ財産であるという意識

アイデアは無形です。しかし、アイデアは、それが生まれてくるまでの実に様々な体験や知識、思考などが融合して誕生します。ですからアイデアは偶然に降ってきたわけではなく、必然で誕生してきたものだと思うのです。そんな過程を経て生まれてきたアイデアは本当に貴重です。

だから、アイデアは財産。

まずこの意識がしっかりと自分の中にあれば、アイデアを思いついたときに「すぐにメモしておかないと」となります。無形の「アイデア」は、メモすることによって有形となるのです。アイデアは同じものがまたもう1回生まれることはなかなかありません。生まれた〈そのとき〉に記録してしまう癖をつけることです。

②アイデアを風化させないシステム

「生まれた」アイデアは、すぐに「埋もれた」アイデアになってしまいます。そうならないために、自分の生活の中に、「アイデアはその場でメモ、保存する」という風化しないシステムを確立するのです。

とにかくアイデアに関しては「浮かぶ」→「保存」。アイデアが浮かんだらそのまま保存まで一直線。この一連の流れは絶対です。私はそのために今はスマホの「リマインダー」機能と「メモ」機能を使っています。

リマインダー機能には「断片アイデア」を「部分メモ」。

メモ機能には「まとまったアイデア」を「文章でメモ」。

それでは実際に私がメモしたアイデアを見ていきましょう。

「リマインダー」機能を使った「デジタル」でのアイデアメモ

アイデア保存は、メモを書いた後にもう一度目にしなければならない点と、カテゴライズしてストックしていくことができるという点で、デジタルメモがオススメです。

アナログメモの場合はメモ同士に距離があります。

例えば「授業アイデア」を思いついてメモする場合、デジタルメモなら9月のメモも、10月のメモも同じフォルダに継続して記録し、ストックしていくことができます。アナログの場合は様々なメモが同じメモ帳の中に存在することと、時間が経つとメモ帳が更新されていくことで、一度に「授業アイデア」を眺めることができません。スマホならそれができます。

それでは、実際のデジタルメモを写真で見ていきましょう。

アイデアはスマホのリマインダー機能にフォルダに分けてストックしています。

写真の中央に「アイデア」とありますね。

これはとにかく思いついたときに打ち込むフォルダとして設定しています。この段階で90項目入っています。

下の3つはセミナーのアイデアです。

iCloud	˅
▤ やること	372 ›
▤ 2C一言　朝 このリストは共有されています	41 ›
▤ 2C一言　夕方	41 ›
▤ アイデア	90 ›
▤ 子供の名言	4 ›
▤ 遊ぼうセミナー	13 ›
▤ 11月21日本セミナー	9 ›
▤ 学生セミナー1月	7 ›

私は先生方向けのセミナーや研修会の講師をしています。今回の場合は「遊ぼうセミナー」「11月21日本セミナー」「学生セミナー1月」の3つの企画が進行していて、当日のコンテンツをつくるために、企画が誕生した段階からフォルダをつくり、それぞれのセミナーに関係するネタが思い浮かんだらそこに打ち込んでいる状態です。

同じように書籍のフォルダをつくって、書く内容の一部でも、一言でも思いついたらとにかく打ち込んでおきます。

リマインダー機能はさらに日付と時間を指定できるアラーム機能があるので、アイデアをここぞ！　というときに自分に向けて見せることができるのもデジタルメモの便利なところです。

「メモ」機能を使った「デジタル」でのアイデア・気づきメモ

授業で気づいたことは貴重です。その「気づき」をコラムとして文章にしておくことがあります。

また、私は本書のように書籍を執筆したり、雑誌論文を書いたり、セミナー講師をしたりしているので、そこで話す内容を突然思いつくことがあります。さらにブログも書いているのでそこで書く内容を思いつくこともあります。

そんなときは、その気づきやアイデアを「コラム」としてメモ機能に書いておきます。「コラムメモ」です。フォルダも「コラム」という名前にしています。

写真は書きためた「コラムメモ」のタイトルの並びです。
ではこの中の「コラム　その時どうか、その子たちにどうか」を見てみます。

「時間を決めておくべき」とか、「一旦待つべきだったのでは」
という意見はまことしやかに聞こえますが、
「その時必要だったか」、とか「そのクラスに必要だったか」を議論に入れないと、

思考停止の怖い「べき論」になります。（研究授業の事後研で）

これは参加させていただいた研究授業の事後研究会で感じ、発言したことを「コラム」として残しているメモです。

授業の中では様々な場面が展開されますが、このときは全員に話をふるべきだったとか、先生が話す前に待つべきだったなど事後研究会では様々な議論がなされます。

しかしそこに、「そのクラスとしてどうか」「目の前の授業をしたこの子たちにとってどうか」という視点がなければそれは一般論になってしまいます。

どの授業でもそうですが、「目の前の子どもたち」という視点を忘れないようにしたいですね……ということを改めて実感したので書いておいたのです。

もう1つ、一覧の中の一番上にある「コラム　ユーモア」、気になるので見てみましょう。笑

めちゃくちゃ別れを惜しんだのに、持ち上がり。

どうすれば？

「双子の兄です」と言おう。

さて、これはセミナーの中のQ＆Aコーナーで、参加者の先生からいただいた質問と、私の答えを残したものです。くだらない、と思われる方もいるかもしれませんが、教室って、こういうやりとりありますよね。子どもたちとの何気ない会話というか、ただ楽しく笑って時間を過ごすときというか……。こういう時間も大事です。このやりとりがそのときとっても面白かったので書いて残しておいたのです。

このようにコラムとして文章でメモしています。文章のストックとでもいいましょうか。執筆依頼や、ブログを書く際はこの「コラムメモ」を眺めて刺激をもらったり、書く内容を決めたりすることもあります。

同じようなケースで、子どもに話すエピソードなどのメモを「コラムメモ」にできます。私の教室では、「森先のエピソード」という時間があります。私が子どもたちに私の子ども時代の話や、過去の様々な話をするというシンプルな時間なのですが、毎年子どもたちはこの時間をとても楽しみにしてくれています。

エピソードは過去の実体験を話します。基本的にノンフィクションです。エピソードを話す際は、あらかじめ思いついたときに（思い出したときに）「コラムメモ」のように「エピソードメモ」としてメモ機能に残していくことをおすすめします。

そこにストックがある、というのは安心するものです。

アイデアを忘れてしまったら

このときは簡単。「忘れるぐらいたいしたことのないアイデアだった」と都合よく割りきりましょう。笑

使ったアイデアは……

「アイデアメモ」は基本的に〈使用したら終了〉です。ですから、使用したかどうかを客観視できることも大切です。

例えば先述した「コラムメモ」ですが、私はコラムをブログなどで使用したらコラムのタイトルの最初に▲マークをつけるようにしています。もしくは、【使用】とつける。こうすることで、使ったかどうかが一目でわかります。

「アナログ」でのアイデアメモ

今でこそ私はデジタルメモを大いに活用していますが、私のスマホライフはまだそれほ

ど長くはありません　笑。それまでは「アイデア」もアナログメモでした。アナログメモの場合のアイデアストックについて書いてみます。

アナログメモにアイデアを書いた場合、書き終わったらすぐに「縦折りのドッグイヤー」を入れておく、ということをしていました。「縦折り」はすぐにそのページにとべます。「アイデア」はメモ帳内の最上級の情報に位置するので「縦折り」は自ずと決定事項。メモの「縦折り」をたどっていけば「アイデア」が登場するというわけです。

次にもっと直接的なストックの仕方もします。まず、アイデアを書いたらそのページの裏には何も書かないようにします。そしてメモを書いたらページを破る。破った「アイデアのページ」を書斎に設けたアイデア貯金箱（箱などを用意）に放り込んでおく。そのときはただ放り込んでいくだけです。

現在追加で抱いているイメージは、よくラーメン屋さんなどのお会計場所に伝票を刺していくもの（あれ、何ていうんだろう）がありますよね。あれのようにどんどん刺してストックしていってもいいなあ、と。この場合、メモ帳はリングタイプだと切り取りやすく、切り取った後も他のページがボロボロとれてくることがありません。

3 「授業アイデア」メモのとり方と活用
～学校公開の授業舞台裏～

授業ノート

授業のアイデアやプランを日々書き綴る「授業ノート」ですが、私は大きめのサイズのノートを使うことが多いです。写真はこれまで使ってきたノートたち。

現在使っているのはモレスキンの特大サイズ（写真右端）です。

大きめのノートはその余白が思考を刺激するので、アイデアが出てきやすいと思っています。例えば「学校公開」のような勝負のかかった（！）授業を構想する場合は、大きめの白い紙面に向かい、いろいろな思いつきを書いたり、描いたりしながら構想を練ります。

学校公開の授業はこうしてつくられた〜構想時のメモ公開！〜

さて、このときの学校公開会は4年生「ごんぎつね」の単元末の授業。子どもたちがこれまで取り組んできた「ごんぎつね」の世界を縦横無尽に駆け回ってほしい、そう考えて授業づくりに挑みました。

私が避けたいのは典型的な「報告型」の授業。望むのは、子どもたちが前のめりでテキストを介してせめぎあっている、そんな授業です。

一方で今回は公開授業という子どもたちにとっては特殊な環境での授業です。緊張してかたくなることも避けたい。

さらに大切なのは、勉強に関して配慮がいる子どもも含めて全員が、まず授業という土俵に乗ることができるということです。

内容でいえば、国語科で4年生といえば「ごんぎつね」。全教科書に掲載されているザ・物語教材です。研究授業はやり尽くされています。新しい提案にもなり、かつ単元末ということを鑑みてこれまでの学びを固定するような、全体を見通すような時間にしたい。

このように実に様々な要因の中、授業をつくっていくわけです。

考えます。考えます。

しばらく考える期間が過ぎます。

思いついたのが、「ごんぎつねくじ引き」。

授業の展開は、「くじ引き」でいこう。

教師が話題をその都度提示するのではなく、「くじ引き」にその役を任せる。

「ごんぎつね」を表す様々なキーワードや図解化されたマークや模様などを「くじ」とし、それを引くたびに何を表しているのかをクラス全体で考えて「ごんぎつね」を振り返っていく。


これだ！

この時点で、最初に誰に引かせるか、も決めていました。「くじを引く」という行為は子どもたちにとって最高に興味をそそられる行為です。勉強に配慮のいるAさんを一気に授業の世界観に引き込むことになるであろうと確信しました。

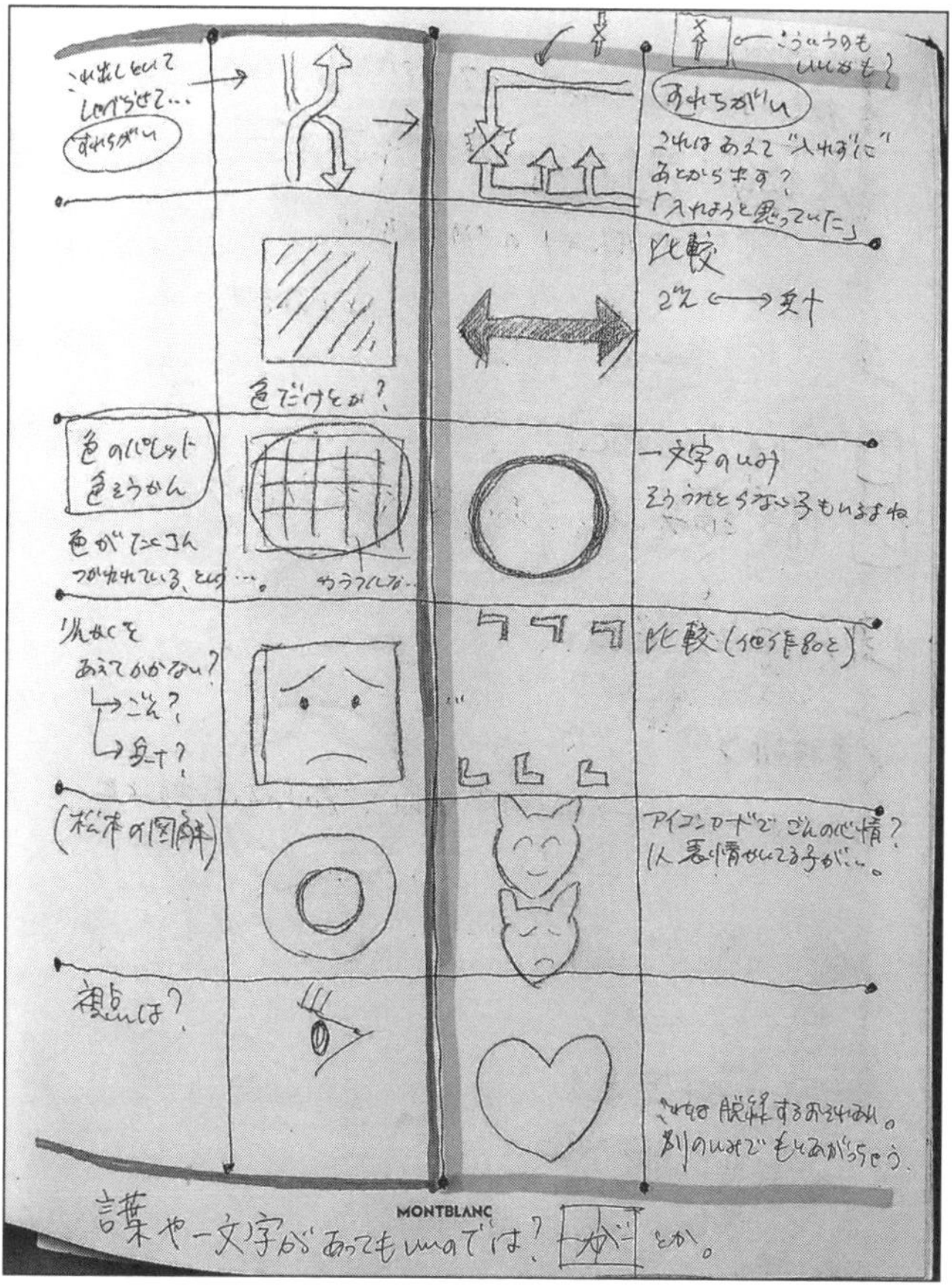
すれちがい
比較
色だけとか？
一文字のいみ
比較（他作品と）
（松本の図解）
アイコンカードでごんの心情？
視点は？
MONTBLANC
言葉や一文字があってもいいのでは？
とか。

さあ、授業を貫く「しかけ」の大枠が決まりました。

次は私自身が「ごんぎつね」のこれまでの学びを振り返って、ピックアップしていきます。「登場人物」というわかりやすいものから、ごんが兵十にした「つぐない」関係の主題に関わる部分まで、「くじ」にも軽重をつけていかないと……。

何より大切なのは「くじ」はあくまでも本時の〈仕掛け〉であって、〈目的〉ではなく、「読み取り」「学習の深化」のためであるという点です。そう考えて書いた（描いた）のが前ページのメモです。

このメモを書いているとき、私はワクワクしていました。

授業構想のメモはクラスの子どもたちの顔を思い浮かべながら書いています。「この発問はAさんには難しいかなあ」「難しいときはこの作業指示で補完しようか」「まずこの図解を提示して全員を巻き込んだ上で……」と。

今回は「くじ引き」という体をとっていますが、そのくじの内容は本質に向かっている、そんな図解やイラストを考えようといろいろと案を考えました。

メモを見ると、中央縦２列がくじ引きのイラストですね。

私は授業で「アイコンカード」を使うことがあります。アイコンカードというのは森川の国語教室の造語で、物語の設定や登場人物の表情などを簡単な絵（アイコン）で表したもの。子どもたちに言葉で尋ねるよりも、よりクラス全員が受け取れる便利なツールなのです。今回のくじ引きはこの「アイコンカード」たちをくじのメインにもってくることにしました。

その中央のイラスト部分の両サイドにそのときの私の気づきを示しています。

例えば右下はハートのマークのくじ引き案ですが、その横に、「これは脱線するおそれあり。別のいみでもりあがっちゃう」と書かれています。これ、最初は「ごんぎつね」の登場人物である兵十やごんの気持ちをしゃべりだすかな、と考えてイラストを描いたものの、範囲が広がりすぎると考えて結果的には没になったものです。

また、逆に右上の矢印の図解はメインとして使われました。上から下への矢印は兵十のごんへの気持ち、下から上への矢印はごんの兵十への気持ちを表しています。気づき欄には「すれちがい」これはあえて〝入れずに〟あとから出す？『入れようと思っていた』」と書いています。これは、くじびきの箱に入れておかずに、後から「入れようと思っていた」と言いながら出してくるのもありかな、と考えていたわけです。実際、当日このくじが引かれたときに私は「一番難しいのを引いた気がするよ」と声をかけています。授業も

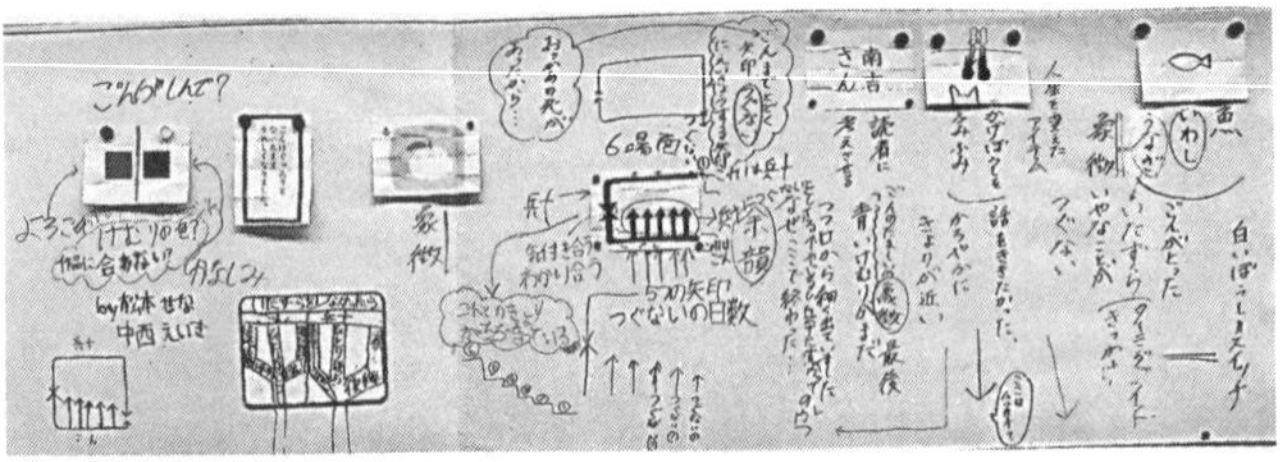

このくじを扱うときが一番盛り上がりました。

このメモを書いた後、さらに学年や友達の先生に相談し、実際に使うものを決めていきました。

次は当日の授業の板書です。

先ほど取り上げた矢印が入った図解は、実際にはもう少し精度を上げて作成されていますね。やはり一番盛り上がりました。メモに書いていないけれど、当日新たに入っているくじもありますね。

ここぞ！　という授業をつくる際に、メモは大切です。メモを書きながらイメージをふくらませ、メモを書いているからこそ自分の考えや情報がカラダの中に蓄積されていて、実際の授業での対応でアドリブ力を発動できます。

やはり**「メモ」は授業をつくる上でも自分に内部情報を蓄積させ、イマジネーションを広げてくれる重要な行為**となっています。

さあ、今日もメモしながらとっておきの授業の構想を練ろうかな……。

おわりに

今回「メモ術」の本を書くにあたって、私はこれまで書いてきたメモ帳を全て引っ張り出してきて、パラパラと中身を見ていく作業を繰り返しました。

この時間が、たまらなく素敵な時間となりました。

メモを一つひとつめくりながら、私は過去の自分と対話していました。

しばらく動けなかったこともありました。

涙が出てきたこともありました。

過去のメモの中の自分は、今よりも若い自分です。

若い自分の姿に背中を押されました。

今の自分はそのような過去の自分の集積です。若い自分よりも知識も経験も上なのです。

負けるわけにはいきません。


今の自分は最新の自分です。

最新の自分を輝かせるために私はこれからも、「メモ」をとり続けます。

メモの中身がつらいことばかりになることもあります。

しかしそのメモも、必ず過去のメモとなります。

そしてそのメモは、自分を支えてくれる土台の一部になるのです。


私のメモのルーツは父にあるかもしれません。

小学生の頃からどこに行くにもメモをとっている父の姿を見ていました。実はその頃から「メモをとる」という行為が、私のカラダの中に刷り込まれていたのかもしれません。

父は教師を引退した今でも、メモをとり続けています。

ああ、私もそうなるのだろうなあ、と思います。

そこからわかるのは、次のことです。


メモは自分の「人生」そのものを支えてくれるもの。

メモをこれからもとり続けていこうと思います。

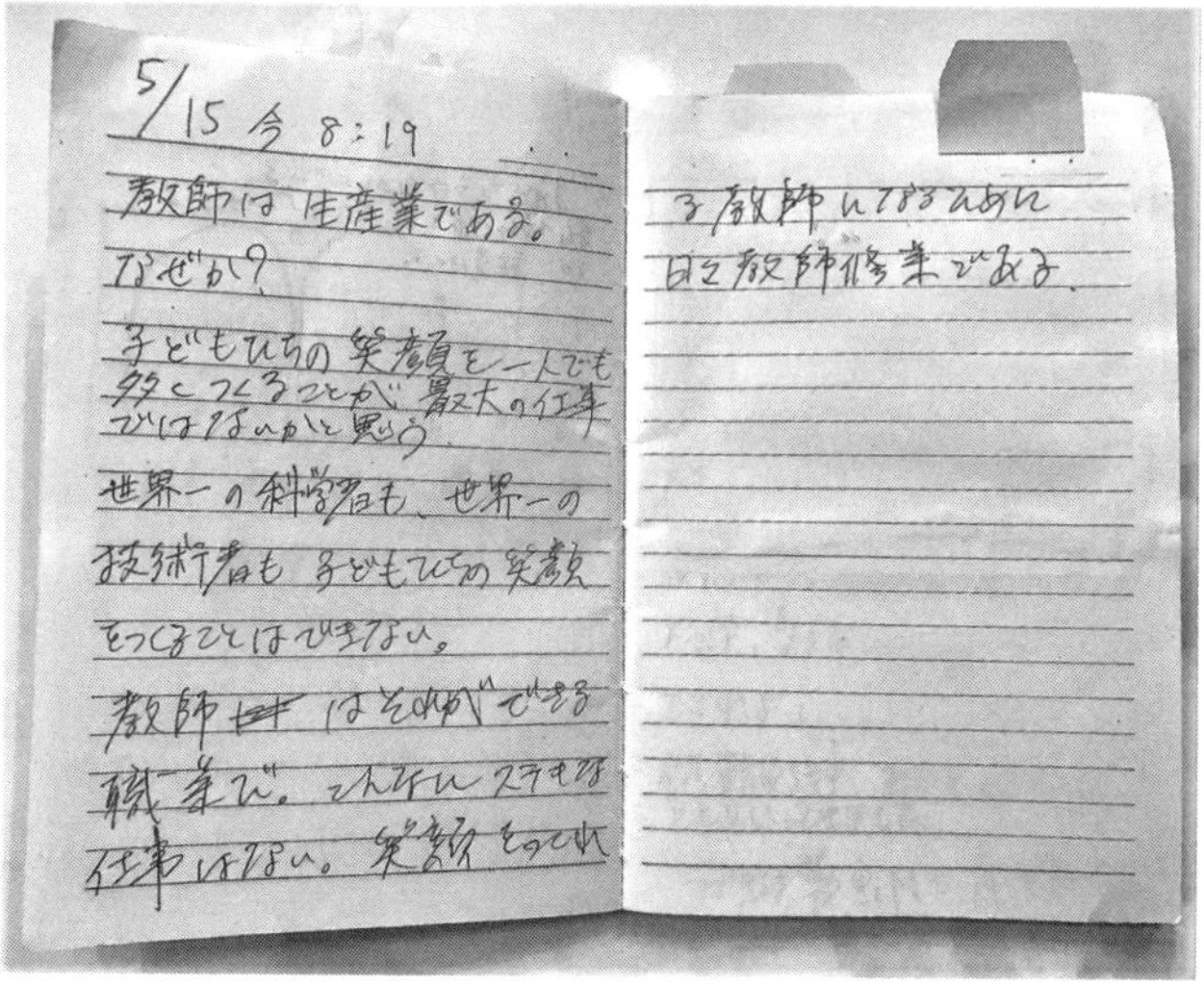

5/15 今 8:19
教師は 生産業である。
なぜか？
子どもたちの笑顔を一人でも
多くつくることが 最大の仕事
ではないかと思う。
世界一の科学者も、世界一の
技術者も 子どもたちの笑顔
をつくることはできない。
教師 ~~　~~ はそれができる
職業で。こんなにステキな
仕事はない。笑顔をつくれ
る教師になるためにも
日々教師修業である。

みなさんも、ぜひご一緒に……。

そしてどこかで、メモを見せ合いませんか。

教師2年目の5月、朝8時19分のメモの写真です。

そのときの自分へ――。

そうだよな。

子どもたちの笑顔をつくることができるなんて、最高の仕事だよな、先生って。

明日も、がんばるわ。

森川正樹

【著者紹介】

森川　正樹（もりかわ　まさき）

兵庫教育大学大学院言語系教育分野（国語）修了，学校教育学修士，関西学院初等部教諭。令和２年版学校図書国語教科書編集委員。教師の詳細辞典セミナー講師，全国大学国語教育学会会員，教師塾「あまから」代表。

著書に，『小学生の究極の自学ノート図鑑』（小学館），『秒で刺さって子どもが動く！「教室コトバ」のつくり方』『子どもの思考がぐんぐん深まる　教師のすごい！書く指導』（以上，東洋館出版社），『どの子も書きまくる！作文指導アイデア』『どの子も書きまくる！日記指導アイデア』『できる先生が実はやっている　働き方を変える77の習慣』『できる先生が実はやっている　学級づくり77の習慣』（以上，明治図書），『熱中授業をつくる！　子どもの思考をゆさぶる授業づくりの技術――教師の「役割」が子どもの「日常」を変える！』（以上，学陽書房）他，教育雑誌連載，掲載多数。

教師のためのスケジュールブック『ティーチャーズ　ログ・ノート』（フォーラム・A）のプロデュースをつとめる。

【ブログ】
森川正樹の“教師の笑顔向上”ブログ
https://ameblo.jp/kyousiegao/

授業の質を上げる超一流教師のすごいメモ

2023年７月初版第１刷刊　Ⓒ著　者　森　川　正　樹
発行者　藤　原　光　政
発行所　明治図書出版株式会社
http://www.meijitosho.co.jp
（企画）茅野　現（校正）嵯峨裕子
〒114-0023　東京都北区滝野川7-46-1
振替00160-5-151318　電話03（5907）6702
ご注文窓口　電話03（5907）6668
＊検印省略　組版所　株式会社カシヨ

Printed in Japan　ISBN978-4-18-220526-2